Hochsensible Kinder

Wie Sie mit diesen Tipps und Tricks gefühlsstarke und sensible Kinder liebevoll erziehen

Marion Hummel

ISBN: 9798667880868

Einleitung

Hochsensibilität – was ist das?

Hochsensibilität bei Kindern erkennen

Probleme im Alltag eines hochsensiblen Kindes

Den Alltag Ihres Kindes erleichtern

Eine wissenschaftliche Perspektive auf Hochsensibilität

Warum Hochsensibilität auch eine Chance ist

Was Hochsensibilität von ADHS unterscheidet

Den perfekten Platz in der Gesellschaft finden

Geduld und Verständnis sind der Schlüssel

Hochsensible Eltern und jene Eltern, die nicht hochsensibel sind

Häufig aufkommende Fragen

- Was bringt es, das eigene Kind als hochsensibel zu erkennen?
- Ist Hochsensibilität eher Last oder Segen?
- Sind hochsensible Menschen auch hochbegabt?
- Wie kann Ihr Kind lernen, gut mit seiner Hochsensibilität zu leben?

Bonus: Die 10 besten Tipps, um den Alltag zu erleichtern

Über Marion Hummel

Marion Hummel wurde 1988 in der Nähe von Hamburg geboren. Nach ihrem Soziologie Studium arbeitete sie bis zur Geburt ihres ersten Kindes in einer Einrichtung für sozial benachteiligte Kinder.

Daraufhin beschäftigte sie sich mit Erziehung, Mutterschaft und der Förderung von Kindern mit besonderen Bedürfnissen sowie all den Herausforderungen, die das Elternsein mit sich bringt.

Heute ist Marion Hummel zweifache Vollblut-Mama, freiberufliche Autorin und schreibt Ratgeber für Eltern, die ähnlich überfordert sind wie sie es selbst zu Beginn einmal war.

"Es ist unglaublich, wie empfindsame Seelen einander verstehen, ohne viel zu reden. Ein entschlüpftes Wort, eine nachdenkliche Miene, eine undeutliche, zusammenhanglose Bemerkung, ein halbes Bedauern, eine Andeutung, der Tonfall, der Gang, der Blick, die Aufmerksamkeit, das Schweigen – all dies entdeckt sie einander."

Denis Diderot

Einleitung

Sind Ihnen die besondere Wahrnehmung und eine außergewöhnliche Auffassungsgabe Ihres Kindes schon häufiger aufgefallen? Haben Sie sich schon immer gefragt, wie Sie Ihrem Kind effektiv bei seinen ganz individuellen Schwierigkeiten helfen können, auch wenn sich diese scheinbar stark von Ihren eigenen Problemen unterscheiden?

Ihr Kind kann Emotionen anderer ohne Probleme wahrnehmen und begreifen, kann mit Ungerechtigkeit nicht leben und ist überfordert und unkonzentriert, wenn viele Dinge gleichzeitig passieren. Vielleicht ist Ihnen schon das ein oder andere Mal in den Sinn gekommen, dass hinter den Eigenarten Ihres Kindes mehr stecken könnte als nur der Verlauf seiner Entwicklung und die kindliche Art und Weise, die Welt zu betrachten und zu durchdringen. Vielleicht haben Sie sich schon einmal gefragt, wie Sie Ihrem Kind helfen können, wenn es mit seiner Umwelt überfordert ist, obwohl es für Sie keinen erkennbaren Grund gibt. Gerade dann, wenn Sie annehmen, Ihr Kind könnte hochsensibel sein, lohnt es sich, mehr über das Thema zu lernen, denn nur mit dem nötigen Wissen können Sie den richtigen Umgang mit Ihrem Kind erproben.

In diesem Buch finden Sie alles, was Sie zum Thema Hochsensibilität wissen müssen – was Hochsensibilität ist, wie Sie mit Ihrem hochsensiblen Kind umgehen können, was es auszeichnet, was es besonders macht sowie einen Test zur Erkennung von Hochsensibilität. Sie werden in Erfahrung bringen, welche Schwierigkeiten sich Ihrem Kind im Alltag stellen, Sie werden aber auch lernen, welche Fähigkeiten Hochsensibilität mit sich bringt und wie Sie diese als eine Chance für Ihr Kind nutzen können.

Unterstützt von vielen praktischen Ideen und Übungen, die Ihnen dabei helfen, das Leben Ihres Kindes leichter zu machen, können Sie hier erfahren, wie Sie Ihre eigene und die Lebensqualität Ihres Kindes effektiv verbessern und ihm so eine gesunde, wenn auch nicht ganz gewöhnliche, Entwicklung ermöglichen.

Zum Abschluss möchte ich Ihnen noch einen weiteren Ratschlag auf den Weg mitgeben. Wie Sie im weiteren Verlauf des Buches erkennen werden, nutze ich gerne Zitate. Sie haben eine große Kraft und bringen oft das, was Menschen fühlen, aber nicht in Worte fassen können, zum Ausdruck.

Bringen Sie Ihrem Kind frühzeitig einige der Zitate im

Buch bei, denn sie werden ihm helfen, sich immer wieder daran zu erinnern, dass es gut ist, wie es ist und dass nichts falsch daran ist, empfindsam und gefühlsstark zu sein.

Hochsensibilität – was ist das?

Obwohl es von vielen Menschen angenommen wird, handelt es sich bei Hochsensibilität gar nicht um eine Krankheit; viel eher ist sie eine Persönlichkeitseigenschaft, die bei verschiedenen Personen unterschiedlich stark ausgeprägt und jeweils mit individuellen Merkmalen verbunden ist.

Hochsensibilität wird also in dieselbe Kategorie eingeordnet wie etwa Offenheit oder Gewissenhaftigkeit, ist aber für die meisten Betroffen trotzdem eher mit zu bewältigenden Herausforderungen verbunden, die sie damit zu einer ganz besonderen Eigenschaft macht.

In der Regel nehmen Hochsensible ihre Umwelt stärker wahr als ihre Mitmenschen. Das bedeutet, dass verschiedene Reize und Einflüsse für sie intensiver – aber auch belastender – sind. Häufig sind vor allem Seh- und Hörsinn betroffen, weil das die beiden Reize sind, die dann, wenn wir wach sind, immer aktiv sind. Aber auch der Geruchs-, Geschmacks- und Tastsinn können zu Überforderung führen, vor allem dann, wenn viel auf einmal passiert. „Viel auf einmal passieren“ ist hierbei auch das Schlüsselwort – denn bei Hochsensiblen kommt es schneller zu einer sogenannten Reizüberflutung. Während andere Menschen relativ gut darin sind, Reize, die im Moment nicht entscheidend sind, weitestgehend auszublenden, fühlen sich Hochsensible durch ihre intensive Wahrnehmung schnell überfordert und „kriegen die Krise“.

Das bedeutet, dass sie häufig lichtempfindlich sind, aber auch dann verstärkt reagieren, wenn der Alltagslärm besonders laut ist, irgendwo ein Handy klingelt oder Menschen in der Nähe sehr laut miteinander reden. Reizüberflutungen bedeuten für Hochsensible Stress und Überforderung, oft sind sie leichter reizbar und fühlen sich schneller erschöpft.

Dementsprechend ist es wohl verständlich, dass hochsensible Menschen dazu neigen, sich von Reizen abzuschotten, lieber Zeit allein verbringen und Menschenmengen in der Regel meiden. Bei häufiger Überforderung können Kinder öfter quengeln, aber auch Kopf- und Bauchschmerzen können eine Folge sein.

Und obwohl das im ersten Augenblick nach vielen Nachteilen klingt, wird Hochsensibilität besonders deshalb als Persönlichkeitseigenschaft eingeordnet, weil sie auch als Vorteil gesehen werden kann. Hochsensible Menschen sind außergewöhnlich empathisch; ihnen fällt es leicht, sich in andere Menschen hineinzuversetzen und die Emotionen anderer zu verstehen. Gerade deswegen werden sie häufig auch als sehr feinfühlig beschrieben. Sie nehmen ihre Umwelt nicht nur detaillierter wahr, sie neigen auch dazu, vermehrt über ihr eigenes Handeln und das, was sie erleben, nachzudenken. Sie sind häufig sehr verlässlich, beobachten genau und handeln bedacht. Häufig sind sie sogar dazu in der Lage, Stimmungen ihrer Mitmenschen ziemlich genau wahrzunehmen.

Ein hochsensibles Nervensystem ist meist angeboren, kann sich aber theoretisch auch erst im Erwachsenenalter entwickeln. Wenn Sie vermuten, Ihr Kind könnte hochsensibel sein, sollten Sie annehmen, dass es mit dieser Eigenschaft geboren wurde.

„Selbst moderate und vertraute Reize, wie ein normaler Arbeitstag, können dazu führen, dass eine hochsensible Person abends ihre Ruhe braucht.“

– Elaine Aron

Hochsensibilität bei Kindern erkennen

Damit Sie als Elternteil angemessen auf die Herausforderungen reagieren können, die sich Ihrem Kind in seinem Alltag stellen, ist es wichtig, dass Sie erkennen, ob Ihr Kind hochsensibel ist oder nicht. Das erleichtert nicht nur das Leben Ihres Kindes, weil es in Zukunft sicher auf mehr Verständnis treffen wird, wenn Sie verstehen können, was in ihm vorgeht, es kann auch Ihnen dabei helfen, sich besser in Ihr Kind hineinzuversetzen.

In vielen Fällen ist es auch nur eine große Erleichterung, dem eher sonderbaren Verhalten Ihres Kindes einen Namen geben zu können und damit eine Begründung parat zu haben.

Vor allem bei Kindern kann es schwerfallen, solche besonderen Merkmale zu erkennen, weil sie selbst erst noch lernen müssen, ihr Erleben einzuordnen und das, was sie fühlen, zu verstehen. Deswegen ist es wichtig, dass Sie als Elternteil besonders aufmerksam sind und das Verhalten Ihres Kindes möglichst genau beobachten. Dinge, auf die Sie besonders genau achten sollten, sind übermäßiges Quengeln – vor allem dann, wenn das Kind auf neue und unbekannte Situationen trifft. Das gilt zum Beispiel beim ersten Besuch im Kindergarten, aber auch zur Einschulung oder zu Kindergeburtstagen. Während Erwachsene Situationen, die ihnen unangenehm sind, meistens vermeiden, folgen Kinder häufig eher dem Willen ihrer Eltern und sehen sich somit ständig Situationen ausgesetzt, die ihnen eigentlich gar nicht passen. Hochsensible Kinder werden, anstatt die Situation zu vermeiden, ausgeprägte Bockanfälle haben, die Trennung von den Eltern vermeiden wollen und sich von fremden Gruppen distanzieren. Damit werden hochsensible Kinder vor allem im Kindergarten schnell zu Außenseitern, in der Schule sind sie häufiger Opfer von Mobbing.

Da es sich bei Hochsensibilität nicht um eine Krankheit handelt, gibt es auch keine offizielle Diagnose, die mit absoluter Sicherheit sagen kann, ob Ihr Kind betroffen ist oder nicht – trotzdem gibt es eine Reihe von Merkmalen, die bei vielen Betroffenen auftreten und es damit leichter machen, hochsensible Menschen zu erkennen. Wenn Sie bei Ihrem Kind das oben beschriebene Verhalten wiedererkennen, sollten Sie auf jeden Fall in Erwägung ziehen, dass es zu den 20 % der Menschen gehört, die als hochsensibel gelten.

Beantworten Sie die folgenden Fragen, damit Sie eine bessere Orientierung darüber haben, ob Ihr Kind eventuell betroffen sein könnte:

Reagiert Ihr Kind übermäßig stark auf Schmerzen?

Reagiert es besonders stark auf Gerüche, Geräusche oder Licht? Findet es diese zum Teil unerträglich?

Kann es sich leicht in andere Menschen hineinversetzen? Erkennt es die Emotionen anderer Menschen und macht sich übermäßig viele Sorgen darüber, wie sich andere Menschen in bestimmten Situationen fühlen?

Ist Ihr Kind schneller als andere erschöpft und überfordert?

Hat es eine gewisse Liebe zum Detail? Erledigt es Aufgaben sehr gründlich und sorgfältig, auch dann, wenn das nicht unbedingt notwendig ist?

Hat Ihr Kind Probleme dabei, sich zu konzentrieren, vor allem dann, wenn es unterschiedlichen Reizen ausgesetzt ist? Ist seine Konzentration besser, wenn die Reize nicht da sind?

Ist es eher in sich gekehrt, scheut den Kontakt mit anderen Menschen mehr als ihn tatsächlich zu genießen und ist es übermäßig angestrengt durch die Anwesenheit anderer Menschen?

Scheint Ihr Kind eher nachdenklich? Ist es über vieles

besorgt? Ist es kreativ?

War oder ist Ihr Kind ein sogenanntes „Schreibaby“? Hat oder hatte es einen besonders leichten Schlaf? Hat oder hatte es einen „plötzlichen Nachtschreck“?

Hatte es schon früh einen besonders stark ausgeprägten Gerechtigkeitssinn oder eine feste Ethik? Neigt es dazu, über Leben, Tod und viele andere Dinge zu philosophieren?

Hat es früh einen Sinn für Musik und Rhythmus?

Da sich Hochsensibilität für alle Betroffenen unterschiedlich äußert, werden Sie sicherlich nicht alle Fragen mit „Ja“ beantworten können; es gilt: Die Wahrscheinlichkeit dafür, dass Ihr Kind hochsensibel ist, wird größer, je mehr Fragen Sie bejahen können.

Es sollte sich um mindestens zwei Drittel der Fragen handeln, damit Sie mit ziemlicher Sicherheit davon ausgehen können, dass Ihr Kind betroffen ist.

Sollten Sie zu dem Entschluss kommen, dass Ihr Kind hochsensibel ist, müssen Sie nicht in Panik verfallen – denn obwohl es sich hierbei sicherlich häufig um eine Herausforderung handeln kann, ist Hochsensibilität für viele Menschen genauso sehr eine Bereicherung.

Eine praktische Übung zum Umgang mit Hochsensibilität

Fantasiereisen: Sie helfen dabei, sich aktiv vom Alltag zu lösen und einen Ort für sich selbst zu kreieren. Die Übung kann Ihr Kind ganz einfach durchführen, indem es sich an einen ruhigen Ort setzt, an dem es möglichst nicht gestört werden kann, und sich dann ganz aktiv damit beschäftigt, sich eigene Geschichten, Szenarien, Welten etc. aufzubauen und sie zu bereisen.

Das ist deshalb eine gute Idee, weil es später eine gute Ablenkung sein kann, wenn Ihr Kind merkt, dass es sich in seinen eigenen Gedanken verrannt hat und die Gedanken im Kreis laufen – solche Fantasiereisen bilden hier einen unkomplizierten Ausweg.

Hat das Kind Probleme damit, sich auf die Fantasiereise einzulassen, kann ein erster Schritt sein, dass es sich bequem irgendwo hinsetzt oder hinlegt und dann beginnt, sich auf eine ruhige Atmung zu konzentrieren, bis es dazu bereit ist, die Gedanken abschweifen zu lassen. Es sollte darum gehen, Orte zu bereisen, an denen das Kind sich wohlfühlen kann, also schöne und angenehme Szenarien zu schaffen.

Fällt es Ihrem Kind schwer, sich einen solchen Ort vorzustellen, können Sie ihm Fragen stellen, die es zu einer Vorstellung leiten können: Wie würde ein Ort aussehen, an dem es sich wohlfühlt? Gäbe es

Hintergrundmusik? Welches Lied wäre es? Wie sieht es aus?

Ähnelt es einem ihm bekannten Ort? Gibt es etwas an dem Ort, das es besonders gern sehen möchte? Was ist das?

Solche Reisen müssen auch nicht länger als fünf oder zehn Minuten sein, können aber auch mehr Zeit beanspruchen, wenn Ihr Kind das möchte.

"Schneller als der Blitz erfüllt das Gefühl meine Seele, aber anstatt mir Klarheit zu schaffen, entflammt und blendet es mich. Ich fühle alles und begreife nichts."

– Jean-Jacques Rousseau

Probleme im Alltag eines hochsensiblen Kindes

Wie bereits angedeutet, kommen zusammen mit der Hochsensibilität einige Probleme im Alltag Ihres Kindes auf, die Ihnen nicht nur dabei helfen können, die Hochsensibilität zu erkennen, sondern auch eine tägliche Herausforderung für Ihr Kind bedeuten. Es ist wichtig, dass Sie sich vor Augen halten, wie die besondere Wahrnehmung Ihres Kindes zu bestimmten Verhaltensweisen führt und welche Belastungen entsprechend auftreten – schließlich ist es notwendig für Sie zu verstehen, wie sich Ihr Kind fühlt.

"Sensibilität wird in verschiedenen Kulturen unterschiedlich bewertet. In Kulturen, in denen es nicht geschätzt wird, haben HSP ein geringes Selbstwertgefühl. Ihnen wird gesagt, 'sei nicht so empfindlich', dass sie sich abnormal fühlen." – Elaine Aron

Probleme, die auftreten können, sind meist sehr individuell und hängen unter anderem auch davon ab, wie stark die intensivierte Wahrnehmung ausgeprägt ist und wie sehr Ihr Kind darauf reagiert. Trotzdem gibt es einige Hürden, die viele Hochsensible gemeinsam haben und die gerade deshalb erwähnenswert sind. Das Problem, das wohl jeden Hochsensiblen betrifft, ist das Auftreten von Reizüberflutungen; während quasi jeder Mensch im Laufe seines Lebens eine Reizüberflutung erleben könnte, treten sie bei Hochsensiblen sehr häufig auf. Das bedeutet, dass die auf den Menschen einströmenden Reize zu viel werden und nicht mehr alles verarbeitet werden kann; es tritt eine psychische Überforderung auf.

Kurzfristig bedeutet das häufig Stress, aber auch aggressives Verhalten, Hektik und schnelle Erschöpfung sind nicht selten. Hochsensible sind generell schneller erschöpft als ihre Mitmenschen – weil sie über ihre Sinne intensiver wahrnehmen, beansprucht auch die Verarbeitung mehr Energie. Eine Reizüberflutung kann durch einzelne Sinne, aber auch durch das Zusammenspiel der Sinnesorgane ausgelöst werden. Für das Gehör werden vor allem Lärm, aber auch viele gleichzeitige Geräusche (wie etwa in Menschenmengen) schnell zu einer Belastung.

Der Sehsinn ist anfällig für schnelle Bewegungen, aber auch blinkende Lichter und viele Farben auf einmal. Tatsächlich kann auch der Geschmackssinn Verursacher einer Reizüberflutung sein – und zwar dann, wenn viele Geschmäcker auf einmal auf der Zunge landen; Überforderung des Geruchssinns funktioniert nach dem gleichen Prinzip. Überreizung des Tastsinns ist zwar weniger gut erforscht als beispielsweise Gehör- oder Sehsinn, kann aber auch auftreten; das passiert vor allem bei vielen verschiedenen Berührungen, Berührungen an verschiedenen Stellen und Schmerz.

Hochsensible Kinder haben in der Regel Schwierigkeiten damit, sich in neue Situationen einzufinden und neue Umgebungen zu akzeptieren. Das bedeutet, dass sie vor allem bei der Einführung in den Kindergarten mit viel Angst zu kämpfen haben, die Trennung von den Eltern oft besonders schwerfällt und sie schnell Außenseiter werden, weil sie sich aus Gruppen meist heraushalten. Da vor allem die Kindheit von vielen Wechseln geprägt ist, liegen hochsensiblen Menschen hier besonders viele Steine im Weg.

Hat sich das Kind an den Kindergarten gewöhnt, folgt bald die Schulzeit, in der es wieder eine völlig neue Umgebung gibt, an die sich zunächst angepasst werden muss; danach kommt der Schulwechsel etc. Für hochsensible Kinder sind solche Umstellungen eine enorme Herausforderung, die nicht selten zu Schlafproblemen oder Bauchschmerzen führen.

Schlafprobleme sind unter Hochsensiblen generell nicht selten; weil sie dazu tendieren, über Vieles nachzudenken, kommt es häufig dazu, dass sie das Denken gar nicht mehr abstellen können, auch dann nicht, wenn sie zur Ruhe kommen sollten, um einschlafen zu können. Wenig Schlaf führt dann in der Regel zu noch mehr Erschöpfung und aggressiverem Verhalten; die Schwelle, ab der Überforderung auftritt, sinkt durch zu wenig Schlaf.

In der Schule kann es außerdem zu Konzentrationsproblemen kommen, die oft ADS oder ADHS gleichen. Dem Kind fällt es schwer, sich auf eine Aufgabe zu fokussieren, weil es ständig von etwas anderem abgelenkt wird. Für Hochsensible sind das vor allem Reize in ihrer Umgebung; ist das Klassenzimmer nicht still, werden sie sich auch nicht konzentrieren können. Das führt nicht nur zu Frustration – auch die Schulnoten kann das beeinflussen, weil in Klassenräumen selten absolute Stille herrscht. Obwohl das Wohlbefinden Ihres Kindes sicher wichtiger ist als seine Zensuren, kann es vor allem dann, wenn es bestimmte Abschlüsse braucht, um den gewünschten Beruf ausüben zu können, wichtig sein, dass auch solche Probleme gelöst werden.

Auch Menschenmengen sind eine große Herausforderung für hochsensible Kinder; denn viele Menschen auf einem Fleck bedeuten auch viele Sinneseindrücke – viele Gerüche, bunte Kleidung, überall Bewegung und unendlich viele Konversationen, die alle zur gleichen Zeit ablaufen.

Hochsensible Kinder laufen Gefahr, sämtliche soziale

Kontakte zu vermeiden, sobald sich ihnen die Möglichkeit dazu ergibt. Denn soziale Kontakte bedeuten in aller Regel Stress: Die Stimmungen anderer wahrnehmen, viele Sinneseindrücke, die nicht selbstständig kontrolliert werden können und keine Möglichkeit zum Rückzug. Obwohl Isolation für viele Hochsensible zunächst nach Erleichterung klingt, ist sie eigentlich eher schädlich. Auf lange Sicht führt soziale Isolation zu Einsamkeit, weil Kontakte jeglicher Art fehlen; vor allem in der Schule führt Zurückhaltung und Abgrenzung häufig dazu, dass Kinder als Außenseiter behandelt werden und jeglichen Anschluss an gleichaltrige verlieren. Für eine gesunde Entwicklung ist es aber notwendig, Kontakte zu Kindern im gleichen Alter zu haben, um voneinander und miteinander zu lernen und jemanden zu haben, der ähnliche Probleme teilt und die aktuelle Entwicklungsphase verstehen kann. Langfristig können auch physische und psychische Probleme die Folge einer Isolation sein.

In der Pubertät treten häufig erneute Probleme auf, weil sich das Kind jetzt von den Eltern lösen sollte, um das Leben eigenständiger zu führen und eigenen Ideen und Ansichten nachzugehen. Das Lösen von den Eltern fällt hochsensiblen Kindern aber oft schwer, denn die Erziehungsberechtigten bedeuten in aller Regel Sicherheit und Struktur, von denen sich Hochsensible nicht lossagen können. Erneut würden sie in eine Phase der Unsicherheit treten, stünden aber nun vor der zusätzlichen Herausforderung, den Schritt allein wagen zu müssen.

Wie bereits beschrieben, bedeuten neuartige Situationen für Hochsensible Stress. Das bezieht sich aber nicht nur auf einschneidende Veränderungen, wie die Einschulung oder den Schulwechsel, das kann auch schon bei viel kleineren Ereignissen auftreten. Spontane Aktionen führen oft zu Überforderung, weil gewohnte Strukturen hier nicht mehr gelten und es viele neue Eindrücke gibt – das kann schon bei Familienfeiern oder Restaurantbesuchen anfangen, aber auch spontanes Basteln mit der Oma oder kurzfristige Besuche der Verwandtschaft können viel Stress für Ihr hochsensibles Kind bedeuten.

Es stellen sich also viele unterschiedliche Herausforderungen, die auch davon abhängig sind, in welcher Entwicklungsphase sich Ihr Kind befindet. Viele Probleme lassen sich für Außenstehende, aber auch für nahestehende Personen und Eltern, nur schwer nachvollziehen, weil die eigene Erfahrung so unterschiedlich von dem ist, was Ihr Kind erlebt. Gerade deshalb ist es wichtig, dass Sie sich daran erinnern, dass die Probleme Ihres Kindes echt sind und es wahrscheinlich auf Ihre Hilfe angewiesen ist, wenn es darum geht, seinen Alltag zu bewältigen.

Eine praktische Übung zum Umgang mit Hochsensibilität

Selbstlob: Das ist etwas, was Sie Ihrem Kind schon früh beibringen sollten, weil hochsensible Menschen dazu neigen, sehr perfektionistisch zu sein und damit selten zufrieden mit sich selbst sind. Es ist also wichtig, dass Ihr Kind früh damit beginnt, Gutes bei seiner Arbeit und sich selbst zu sehen und sich selbst zu loben, damit es gar nicht erst an einen Punkt kommt, an dem es zu sehr an sich selbst zweifelt. Selbstlob ist auch deswegen so wichtig, weil hochsensible Menschen oft auf Lob und Bestätigung aus ihrer Umwelt warten, das aber nicht immer bekommen, weil ihre Mitmenschen nicht wissen, dass sie das brauchen würden.

Die Aufgabe Ihres Kindes ist es, bis an den Anfang des Tages zurückzureisen und seinen eigenen Tagesablauf nochmals durchzuspielen. Hierbei sollte es auf Dinge achten, die es gern gemacht hat, die es glücklich gemacht haben oder die es weitergebracht haben.

Solche Dinge schreibt es nun auf einen Zettel und darf sich ausführlich dafür loben, dass es das alles geschafft hat. Dabei sollte es nicht immer nur auf offensichtliche Dinge achten - also zum Beispiel - eine gute Note in der Schule bekommen zu haben.

Auch für kleinere Sachen sollte es sich loben, wenn es zum Beispiel mit Freunden rausgegangen ist, obwohl das viel Überwindung gekostet hat oder wenn es ein Bild gemalt hat, für das es schon eine Weile eine Idee im Kopf hatte

**"Ein wahrhaft sensibler
und vernünftiger Mensch
versucht naturgemäß, wenn
ihn Übel und
Ungerechtigkeit der Welt
bekümmern, zunächst dort
gegen sie anzugehen, wo
sie am deutlichsten zutage
treten, nämlich bei sich
selbst. Und damit wird er
sein Leben lang beschäftigt
sein."**

– Fernando Pessoa

Den Alltag Ihres Kindes erleichtern

Die Menge an Problemen, denen Sie und Ihr Kind sich stellen müssen, mag erst einmal überwältigend klingen – aber letztendlich geht es nicht darum, die Schwierigkeiten großartig hervorzuheben, sondern herauszufinden, wie Sie Ihrem Kind helfen können, den Alltag besser zu bestehen und sich den alltäglichen Problemen zu stellen. Wenn es darum geht, die Probleme effektiv zu bekämpfen, sollten Sie wachsam sein und auf Dinge achten, die für Sie zwar in aller Regel normal, für Ihr hochsensibles Kind jedoch überaus stressig sind.

Berücksichtigen Sie die besondere Wahrnehmung Ihres Kindes, wenn Sie das Gefühl haben, nicht verstehen zu können, warum Dinge wie Musik – die für Sie wohl schön sind – für Ihr Kind hochgradig belastend sind. Auch der Austausch mit Ihrem Kind ist von entscheidender Bedeutung, denn nur dann, wenn

Sie aktiv mit ihm sprechen und Ihr Kind fragen, welche Wünsche und Bedürfnisse es hat, was es stresst und was in Ordnung für es ist und was es sich von Ihnen wünschen würde, können Sie effektiv auf das eingehen, was es wirklich braucht.

Sprechen Sie mit Ihrem Kind auch darüber, was genau dazu führt, dass es sich überreizt fühlt; denn obwohl es große Ähnlichkeiten unter hochsensiblen Menschen gibt, ist die Eigenschaft doch für einen jeden individuell – es kann also Reize geben, auf die Ihr Kind besonders empfindlich reagiert. Sie sollten diese kennen, damit Sie vermeiden können, Situationen zu verursachen, in denen besagte Reize besonders prominent sind.

Nachdem Sie besprochen haben, was Ihr Kind überreizt, sollten Sie auch gemeinsam Methoden finden, die dem Kind dabei helfen, möglichst schnell wieder abzuschalten. Das kann ein Spaziergang in der Natur sein, das kann Zeit allein im stillen Zimmer bedeuten oder es kann heißen, dass Ihr Kind sich einige Zeit mit einem Buch beschäftigen möchte. Wenn Sie Wege zum Herunterkommen finden, wird es in Zukunft wahrscheinlich leichter fallen, stressige Situationen zu bewältigen. Hierbei ist es auch wichtig, dass Sie Ihrem Kind einen Rückzugsort bieten; das ist in aller Regel das Zimmer des Kindes, in dem es ungestört sein darf. Das Zimmer sollte möglichst persönlich eingerichtet sein, damit Sie Ihrem Kind eine

Atmosphäre schaffen, in der es sich wohlfühlt.

Kämpft Ihr Kind mit Schlafproblemen, ist es hilfreich, wenn es einige Zeit vor dem Schlafen auf stimulierende Tätigkeiten verzichtet, damit es eine Art Pause hat, in der es „herunterfahren“ kann und nicht gestresst oder überlastet ist. Rituale vor dem Schlafengehen können zusätzlich helfen – am besten handelt es sich hierbei um Dinge, die Ihrem Kind zusätzlich dabei helfen, herunterzukommen, wie zum Beispiel Lesen, Entspannungstechniken und ins Tagebuch zu schreiben.

Wie wir bereits festgestellt haben, überfordern vor allem spontane Aktionen hochsensible Kinder, weil sie überraschend in ungewohnte Strukturen gestoßen werden. Versuchen Sie also, solche Spontaneitäten zu vermeiden und sprechen Sie mit Ihrem Kind, bevor Sie größere Veränderungen planen. Auch eine frühzeitige Absprache zu Besuchen von Verwandten helfen dem Kind dabei, sich auf die kommenden Reize einzustellen und geben ihm damit die Chance, impulsive Reaktionen zu vermeiden.

Es ist in der Regel auch eine gute Idee, mit dem Kind schon vor dem Restaurantbesuch die Speisekarte durchzugehen und damit zu vermeiden, dass es das Gefühl bekommt, sich bei der Bestellung zu blamieren, weil es nicht weiß, was es sagen soll.

Es ist an dieser Stelle wichtig, dass Sie Kompromisse

mit Ihrem Kind finden; denn es würde sich vor der großen Feier zum runden Geburtstag der Verwandtschaft wohl am liebsten drücken, aber Ihnen und der Verwandtschaft ist es wichtig, dass Sie alle zusammenkommen. Das bedeutet nicht, dass Sie Ihren Willen auf jeden Fall durchsetzen und dem Kind auferlegen, das ganze Wochenende lang mit vielen Menschen zu verbringen – viel eher sollten Sie zusammen mit dem hochsensiblen Kind einen Mittelweg finden, der für alle in Ordnung ist. Anstatt also das ganze Wochenende mit der Familie zu verbringen, könnten Sie das auf einen Tag beschränken und dem Kind zwischendurch immer wieder Pausen gönnen, in denen es sich von der großen Gruppe entfernen und für einige Zeit Ruhe genießen kann.

Solche Kompromisse sollten Sie häufiger finden, wenn es darum geht, soziale Kontakte zu knüpfen und aufrecht zu erhalten – denn wie bereits beschrieben, neigen Hochsensible dazu, sich zu isolieren. Versuchen Sie also regelmäßig, Ihr Kind dazu zu motivieren, Freunde zu sehen oder aus sich hinauszugehen. Gehen Sie dabei trotzdem auf seine Bedürfnisse ein und überfordern Sie es nicht. Bieten Sie dann Rückhalt, wenn sich Ihr Kind Situationen stellen möchte, die es als belastend wahrnimmt und motivieren Sie es dazu, Stress nicht immer nur zu vermeiden – und sollte das, was es sich vorgenommen hat, nicht so geklappt haben, wie es Ihr Kind gern wollte (ob es nun Kontakt mit den Freunden oder das Treffen auf eine

Menschenmenge war), ist es hilfreich, wenn Sie der Anker sind, zu dem es zurückkehren kann und an dem es Sicherheit findet.

Vor der Einschulung sollte der Schulweg geprobt werden, am besten gehen Sie zusammen mit Ihrem Kind den Weg, den es später selbst nehmen soll. Auch ein Vorabbesuch in der Schule selbst kann dem Kind dabei helfen, sich an die neue Umgebung zu gewöhnen und die schwierigen Übergänge leichter machen. Das Gleiche gilt für den Kindergarten und den Schulwechsel – machen Sie Ihr Kind mit der Umgebung vertraut, die es später begleiten wird. Für viele hochsensible Kinder ist es eine große Erleichterung, wenn ihre Eltern bei solchen Besuchen neben ihnen stehen und ihnen Kraft und Rückhalt geben – denn die Eltern sind bekannt, sie bieten Vertrautheit und Struktur und sind dementsprechend wertvoll, wenn das Kind auf eine neue Umwelt trifft.

Für Hochsensible ist es eine große Erleichterung, wenn sie nicht auf das Etikett „hochsensibel“ beschränkt werden – denn sie haben sicherlich eine außergewöhnliche Art, Dinge wahrzunehmen, aber Hochsensibilität ist nur eine einzige von unendlich vielen Persönlichkeitseigenschaften.

Ihr Kind ist also viel mehr als nur diese eine Eigenschaft und sollte deswegen auch, wie jede andere Person, in erster Linie als Mensch wahrgenommen werden.

Insgesamt ist wohl zu sagen, dass die größte Erleichterung, die Sie Ihrem Kind bieten können, Verständnis ist – denn durch seine besonderen Bedürfnisse wird es darauf wohl sicherlich nicht immer treffen.

Zeigen Sie Ihrem Kind, dass es sich auf Sie verlassen kann, wenn es auf Herausforderungen trifft und wägen Sie immer ab, was wirklich das Beste für Ihr Kind ist, auch wenn das nicht immer der Norm entsprechen wird.

Ein Tipp zum Umgang mit Hochsensibilität

Ein Tipp, der sich leicht in den Alltag umsetzen lässt, ist, Stress am Nachmittag beziehungsweise in der Freizeit Ihres Kindes zu vermeiden. Während Schule häufig viel Aufregung und nicht selten auch Überforderung mit sich bringt, weil hier sehr vieles auf einmal passiert und es immer einen Reiz gibt, der die Aufmerksamkeit Ihres Kindes für sich gewinnen will, sollte die Freizeit etwas sein, wo das Kind wirklich entspannen kann.

Achten Sie also darauf, dass Sie Ihrem Kind die Zeit geben, die es braucht, um abschalten zu können und dass es sich die Zeit auch selbst gibt. Das heißt, dass es sich zum Beispiel nicht jeden Tag mit Freunden treffen sollte, sondern auch mal einen Tag wirklich Ruhe haben sollte.

Das heißt aber auch, dass Sie nicht jeden Tag spannende Ausflüge oder Aktivitäten mit der Familie planen sollten, auch wenn das vielleicht gut gemeint ist; Ihr Kind sollte sich wirklich mit sich selbst beschäftigen und dabei auf möglichst wenig neue Reize treffen. Es kann dabei auch helfen, dem Kind beizubringen, den Medienkonsum zu reduzieren, wenn es sich überfordert fühlt.

In der Freizeit kann es also sinnvoll sein, einen Ausgleich zu schaffen. Was dem Kind am besten hilft, hängt vor allem von individuellen Bedürfnissen ab, oft sind es aber Aktivitäten, in denen es sich vertiefen kann, in denen es die Gedanken in Ruhe abschweifen lassen kann und die von wenig verschiedenen Reizen geprägt sind. Das könnte zum Beispiel Zeichnen sein – gerade kreative Aufgaben sind eine gute Möglichkeit, bestimmte Erlebnisse oder Eindrücke zu verarbeiten und besser mit dem Alltag umzugehen. Für Kinder, denen solche Aktivitäten keine Freude bereiten, könnten aber auch Spaziergänge in der Natur oder an ruhigeren Orten eine gute Idee sein; bei jüngeren Kindern sind auch kleinere Dinge wie Schaukeln eine gute Möglichkeit, die Gedanken kreisen zu lassen und eine Art Ausgleich zu schaffen.

„Wir Hochsensiblen sind ein Gesamtpaket. Unsere Sensibilität bedeutet auch, dass wir vorsichtig sind und mehr Zeit allein brauchen. Weil Menschen ohne diese Eigenschaft (also die Mehrheit) das nicht versteht, sieht sie uns als ängstlich, schüchtern, schwach, oder – das Schlimmste von allen – ungesellig. Aus Angst vor diesen Stempeln versuchen wir, wie die anderen zu sein. Doch das führt nur dazu, dass wir noch überforderter und gestresster sind. Und dann bekommen wir noch einen Stempel: Wir seien neurotisch oder verrückt … erst sagen es die anderen, und dann glauben wir es vielleicht selbst.“

- Elaine N. Aron

Eine wissenschaftliche Perspektive auf Hochsensibilität

Die Wissenschaft versucht Phänomene zu erklären, für die es scheinbar gar keine Erklärung geben kann, und so ist das auch bei Hochsensibilität – in der Regel wird sich mit der Suche nach Ursachen und Linderung der Symptome beschäftigt. Dazu ist zu sagen, dass der aktuelle Stand der Forschung nicht vollständig ist und es wahrscheinlich auch nie sein wird, weil Vollständigkeit wohl etwas ist, das wir uns nur erträumen können. Es handelt sich hierbei also viel eher um eine Momentaufnahme dessen, was zurzeit bekannt ist und was dementsprechend angenommen wird; Wissenschaft ist aber ein hoch bewegliches Prinzip und vielleicht gibt es in einigen Jahren eine Erkenntnis, die die gesamte Sicht auf Hochsensibilität umwirft.

In der psychologischen und neurologischen Forschung wird Hochsensibilität als „Sensitivität für sensorische Verarbeitungsprozesse“ beschrieben – also als eine stärkere Verarbeitung der Sinneseindrücke. Da hierbei die Verarbeitung eine recht zentrale Rolle einnimmt, ergibt es Sinn, dass der momentane Fokus darauf liegt, Strukturen im menschlichen Gehirn zu finden, die zu der besonderen Art, Sinneseindrücke zu verarbeiten, führt.

Die Forschung hat gezeigt, dass etwa 20 % aller Menschen über alle Kontinente hinweg hochsensibel sind – aber nicht nur das, auch in etwa 100 Tierarten wurden Anzeichen für Hochsensibilität gefunden. Zusammen mit dieser Feststellung konnte auch gezeigt werden, dass Hochsensibilität in verschiedenen Menschen unterschiedlich starke Symptome auslöst – das heißt, dass zwar jeder Fünfte betroffen ist, aber noch längst nicht alle Betroffenen enorm eingeschränkt sind.

Die Menschen, die unter stärkeren Formen der Hochsensibilität leiden, weisen dann in der Regel auch gewisse Gemeinsamkeiten auf, die es möglich machen, Indikatoren für Hochsensibilität aufzustellen.

Insgesamt gibt es, resultierend aus dieser Perspektive, vier Indikatoren für Hochsensibilität. Dazu gehört die Verarbeitungstiefe, was heißt, dass Informationen in der Regel tiefer oder stärker verarbeitet werden. Außerdem zählt eine persönliche Reizschwelle dazu, also der Punkt, an dem die Menge an Reizen für einen Menschen zu groß wird und er eine Reizüberflutung erfährt; diese Schwelle ist weniger hoch als bei Menschen, die nicht hochsensibel sind. Ein weiterer Indikator ist die emotionale Berührbarkeit, die sich dadurch auszeichnet, dass hochsensible Menschen stärker auf negative Reize reagieren.

Der letzte Indikator ist die Wahrnehmung subtiler Reize – welches bedeutet, dass hochsensible Menschen dazu in der Lage sind, auch Reize wahrzunehmen, die scheinbar klein oder unbedeutend sind.

Solche wissenschaftlichen Erkenntnisse führen nicht nur dazu, dass es uns leichter fällt, Menschen zu erkennen, die hochsensibel sind und ihnen damit auch besser helfen zu können; die Aufstellung dieser Indikatoren hat erstmalig auch dazu geführt, dass Hochsensibilität als Persönlichkeitsmerkmal anerkannt wurde, was wiederum weitere Forschung anregte.

Zusammen mit weiterer Forschung wurde auch aufgedeckt, dass Hochsensibilität die Entwicklung der Betroffenen beeinflusst. In der menschlichen Entwicklung spielen eine Reihe von Faktoren eine entscheidende Rolle, die sich insgesamt in innere Faktoren (also dem Menschen entspringende Faktoren), genetische Faktoren und äußere Faktoren (also aus der Umwelt stammende Faktoren) unterscheiden lassen. Die meisten Menschen werden stark durch die genetische Komponente bestimmt, sowohl innere als auch äußere Faktoren sind zweitrangig. Auch bei hochsensiblen Menschen spielen die genetischen Faktoren eine wichtige Rolle, Aspekte aus der Umwelt sind hier aber viel entscheidender als bei anderen Menschen; das heißt, dass die Umwelt einen sehr großen Einfluss darauf hat, wie sich ein hochsensibler Mensch entwickelt. Das kann dann gut sein, wenn der Hochsensible in guter Erziehung und gesunden sozialen Beziehungen zu seinen Mitmenschen aufwächst; es kann aber auch einen sehr schädigenden Effekt haben, und zwar dann, wenn die Umwelt des Hochsensiblen alles andere als optimal ist.

„Bei sensiblen Kindern sind keine physischen Schläge oder Traumata nötig, damit sie Angst vor der Dunkelheit haben.“

- Elaine Aron

Zusammen mit biologischer Forschung konnte auch ein Zusammenhang zwischen der Mutation bestimmter Gene und Hochsensibilität entdeckt werden. Die Mutationen führen dazu, dass bestimmte Neurotransmittersysteme, wie zum Beispiel die für Dopamin oder Serotonin, Veränderungen erfahren. Da die Wirkung dieser Neurotransmitter aber sehr komplex ist, bleibt die Frage danach, was das für die Hochsensibilität bedeutet, aber noch offen – sicher ist nur, dass durch solche Erkenntnisse auch die Perspektive auf Hochsensibilität komplexer wird.

Mit Hilfe wissenschaftlicher Forschung konnte auch festgestellt werden, dass Hochsensibilität keine psychische Krankheit ist, weil sie sich klar von solchen Störungsbildern abgrenzt. Das tut sie, indem Betroffene zwar eine intensivere Wahrnehmung haben, die sie durchaus beeinflusst, aber trotzdem dazu in der Lage sind, sich selbst zu regulieren, die Reize zu verarbeiten und zu integrieren, sie brauchen nur mehr Zeit dafür. Dadurch unterscheidet sich Hochsensibilität klar von Krankheiten wie der posttraumatischen Belastungsstörung, Schizophrenie oder Autismus, weil es den Betroffenen hier in der Regel nicht möglich ist, sich selbstständig zu regulieren oder die Reize, die auf sie eintreffen, erfolgreich zu verarbeiten.

Wie so oft in wissenschaftlicher Forschung gibt es aber nicht nur Meinungen und Studien, die für ein bestimmtes Konzept – in diesem Fall Hochsensibilität – sprechen. Es gibt neben der konkreten Forschung zu Hochsensibilität auch einige Wissenschaftler, die sagen, es gäbe nicht genügend wissenschaftlich fundierte Grundlagen, um auf das Konzept, das so gerne verwendet wird, schließen zu können. Es wird außerdem kritisiert, dass es einen starken Zusammenhang zwischen Hochsensibilität und Neurotizismus gibt – Kritiker sind der Meinung, Hochsensibilität sei nur ein anderer Begriff, um neurotische Menschen zu beschreiben. Für diese These spricht auch, dass Neurotizismus eine der fünf

Dimensionen des „Big-Five-Modells" beschreibt; hierbei handelt es sich um fünf Dimensionen, die die Persönlichkeit eines Menschen sehr zuverlässig beschreiben können. Weil das so gut funktioniert, sind die Big Five auch sehr gut erforscht und weitgehend anerkannt. Menschen, die als sehr neurotisch gelten, werden häufig als ängstlich, nervös und unsicher beschrieben und sind, genau wie Hochsensible, schnell mit ihrer Umwelt überfordert. Dementsprechend gibt es Forschungsmeinungen, die besagen, Hochsensibilität sei in den Neurotizismus einzuordnen.

Es lässt sich aus heutiger Sicht nicht sagen, wer Recht hat und wer nicht; es steht aber fest, dass es eine Gruppe von Menschen gibt, die ihre Welt auf eine besondere Art und Weise wahrnehmen und dass diese besondere Wahrnehmung nicht bei allen Menschen auftritt. Ob man dieses Phänomen nun Neurotizismus oder Hochsensibilität nennt, ist für Betroffene wohl ziemlich egal, denn es geht schließlich darum, Lösungen zu finden, die hochsensiblen oder neurotischen Menschen dabei helfen, ihren Alltag zu bewältigen.

Eine praktische Übung zum Umgang mit Hochsensibilität

Eine Liste voller Ideen: Es gibt Tage, an denen nichts so klappt, wie es sollte, oder die einfach schwierig sind, weil sehr viel auf einmal passiert. Nach solchen Tagen fällt es gerade hochsensiblen Kindern besonders schwer, sich wieder zu beruhigen und weiterzumachen, ohne mit einem perfektionistischen Hang nach Dingen zu suchen, die es hätte besser machen können.

Damit es solche Tage in Zukunft besser bewältigen kann, ist es eine gute Idee, bereits im Voraus eine Liste voller Aktivitäten zu schreiben, die es sehr gern macht oder von denen es weiß, dass die Aktivitäten ihm dabei helfen abzuschalten. Die Ideen, die auf der Liste zusammengetragen werden, sollten möglichst viel Energie spenden und Freude bringen. Das können Übungen zum Abschalten sein, wie zum Beispiel die Fantasiereise oder Spaziergänge, aber auch Lesen, Malen, Singen, ein bestimmtes Spiel spielen, etwas mit den Eltern unternehmen und so weiter. An schlechten Tagen kann die Liste dann einfach hervorgeholt werden, damit einige der Ideen auch in die Tat umgesetzt werden. Geht es Ihrem Kind nach einer Sache nicht besser, kann es auch noch eine zweite dranhängen. Sollte das auch nicht klappen, versuchen Sie, vertieft mit Ihrem Kind über das zu reden, was es so sehr aufgewühlt hat und eine Lösung zu finden, wie Sie die Situation gemeinsam verbessern können. Wenn die Aktivitäten erfolgreich dazu führen, dass sich Ihr Kind besser fühlt, ist es häufig trotzdem eine gute Idee zu fragen, was es denn überhaupt bedrückt hat.

"Hochsensible Menschen werden oft als schwach und verletzlich bezeichnet. Aber intensiv fühlen ist kein Zeichen von Schwäche. Es ist ein Markenzeichen von grosser Lebendigkeit und grossem Mitgefühl. Nicht der empathische Mensch ist "kaputt", sondern unsere emotional verarmte Gesellschaft. Es ist nichts Beschämendes daran, Gefühle authentisch auszudrücken, denn das hält den Traum einer menschlicheren Welt am Leben."

– Anthon St. Maarten

Warum Hochsensibilität auch eine Chance ist

Nachdem wir über die Schwierigkeiten gesprochen haben, die Hochsensibilität mit sich bringen kann, ist es wichtig, auch einen Blick auf das Gute zu werfen – denn obwohl Hochsensibilität für Ihr Kind durchaus eine Herausforderung sein kann, ermöglicht sie ihm auch Fähigkeiten, die andere Menschen wohl niemals erlernen werden. Der Blick auf das Gute ist auch deshalb wichtig, weil Sie und Ihr Kind wohl oder übel lernen müssen, mit den Eigenarten der Hochsensibilität umzugehen, denn sie wird ein lebenslanger Begleiter sein – warum also nicht direkt mit einer positiven Einstellung herangehen und das Gute in dem sehen, was sonst eher eine Herausforderung zu sein scheint?

"Wir leben in einer allzu bewussten Zeit. Wir wissen so viel, aber wir fühlen so wenig."

– David Herbert Lawrence

Während die überhöhte Sinneswahrnehmung von einer Vielzahl eher als Belastung dargestellt wird, hat sie trotzdem auch eine gute Seite – denn es gibt viele Hochsensible, die bestimmte Fähigkeiten in Bezug auf ihre Sinne entwickeln. Das könnte zum Beispiel ein absolutes Gehör sein – also die Fähigkeit, jeden Ton nur durch das Hören zu bestimmen; Menschen, die nicht mit dieser Fähigkeit geboren werden, müssen jahrelang trainieren, um auf ein vergleichbar gutes Level zu kommen.

Aber auch die anderen Sinne können spezielle Fähigkeiten bieten; so gibt es zum Beispiel Hochsensible, die Geruchsquellen aus großer Entfernung ausmachen können und auf kleine Änderungen im Geruch reagieren – wenn irgendwo Gas ausströmt, kann diese Fähigkeit Leben retten. Eine weitere Möglichkeit wäre eine verbesserte Farbwahrnehmung, die auch schon geringe Abweichungen erkennt. Solche speziellen Fähigkeiten können für bestimmte Berufe von großem Vorteil sein und Hochsensiblen damit neue Türen öffnen.

Ein weiterer Vorteil ist ein gewisser Sinn für Ästhetik; manche Hochsensible haben instinktiv ein Gefühl dafür, welche Farbe am besten passt, welcher Schnitt der richtige ist und welche Schriftart verwendet werden sollte, um das Gesamtbild perfekt abzurunden. Das kann Hochsensible zu sehr talentierten Künstlern mit einem speziellen Blick auf die Welt machen; ihre Kunst ist oft sehr inspirierend und auch für Menschen, die nicht hochsensibel sind, äußerst ansprechend.

Dazu kommt, dass Hochsensible oft dazu neigen, perfektionistisch zu sein – was natürlich eine Herausforderung sein kann, weil damit verbunden ist, unzufrieden mit sich selbst und dem was man leistet zu sein. Trotzdem führt das auch dazu, dass ihre Kunst oft von sehr hoher Qualität ist.

Dafür, dass Hochsensible großartige Künstler sind, spricht auch, dass sie in aller Regel eine sehr detaillierte Vorstellungskraft haben und auf geniale Ideen und Lösungen kommen können. Das qualifiziert sie übrigens nicht nur als Künstler – auch als Wissenschaftler, Entwickler und Erfinder werden sie benötigt.

Hochsensible sind gute Zuhörer und haben eine gewisse Liebe für Details. Das folgt oft daraus, dass sie tiefgründige Gespräche bevorzugen – und sind sie erst einmal in ein solches Gespräch verwickelt, merken sie sich oft Details, die anderen Menschen schlichtweg entgehen. Das macht sie zu entsprechend guten Zuhörern, auch deshalb, weil sie ein Gespür für die Stimmung ihres Gegenübers haben und dementsprechend ahnen können, welche Emotionen sich hinter seinen Worten verbergen. Dadurch, dass sie sich so viele Details merken, vermitteln sie ihrem Gegenüber häufig ein gutes Gefühl – denn dieser empfängt das Interesse und die Anteilnahme des Hochsensiblen, wenn er sich auch Monate später noch an das erinnern kann, was der andere gesagt, gegessen oder getragen hat. Die Liebe für Details könnte übrigens auch im Berufsleben nützlich sein.

Das besondere Interesse an tiefsinnigen Gesprächen führt bei vielen Hochsensiblen dazu, dass sie Gruppendiskussionen eher vermeiden und stattdessen Einzelgespräche bevorzugen; auch Smalltalk ist etwas, das sie am liebsten vermeiden würden.

Die Liebe zum Detail macht manche Hochsensible auch zu sehr guten Analytikern; sie sind gut darin, Fehler zu finden oder sich auf Zusammenhänge und Folgen bestimmter Handlungen oder Entscheidungen zu konzentrieren. Menschen, die nicht hochsensibel sind, würde hierfür oftmals die Geduld fehlen.

Ihre Fähigkeit Fehler zu finden, macht sie zu herausragenden Lektoren und Softwareentwicklern, weil es hierbei oft darum geht, Kleinigkeiten zu entdecken und auszubessern.

Die Liebe zum Detail ist auch nicht zuletzt Grund dafür, dass Hochsensible sich schon an kleinen Dingen erfreuen können; zusammen mit der erhöhten Sinneswahrnehmung führt das dazu, dass auch schon Kleinigkeiten, die anderen Menschen entgehen würden, bei Hochsensiblen ein gutes Gefühl hinterlassen können – besonders intensive Farben in einem Bild, ein guter Geruch, eine leise, angenehme Melodie.

Vielen Hochsensiblen gelingt es wunderbar, sich auf eine Aufgabe zu konzentrieren und sich zu vertiefen. Das bedeutet zwar, dass sie ungern unterbrochen werden, das heißt aber auch, dass sie sich stundenlang Aufgaben widmen können und förmlich darin aufzugehen scheinen. Vielen gelingt es auch, geistig anspruchsvolle Aufgaben mehrere Stunden am Stück zu bearbeiten und danach immer noch genügend Energie für andere Tätigkeiten zu haben.

Durch den Hang zum Vertiefen können Hochsensible in der Regel auch schneller neue Dinge lernen und sind auch im Alter noch empfänglich für neues Wissen. Wenn Sie merken, dass Ihr Kind eine solche Stärke hat, kann es sinnvoll sein, diese zu fördern (insofern es durch seinen Alltag nicht schon ausgelastet genug ist) – viele Hochsensible haben Spaß am Lernen neuer Fremdsprachen, aber auch an Tanz- und Zeichenkursen nehmen sie gern teil.

Hochsensible sind in der Regel auch äußerst gut darin, zu reflektieren – das heißt, sie können über ihre eigenen Gedanken und die von anderen nachdenken und Hintergründe aufdecken. Das bedeutet, dass sie Dinge hinterfragen und über eine Tatsache in mehrere Richtungen argumentieren können, ohne krampfhaft zu versuchen, einen neuen Blickwinkel auf etwas zu finden. Oft ermöglicht dies, einen sehr detaillierten

Blick auf sich selbst zu haben; sie lernen schnell, was sie wütend, traurig oder glücklich macht und verstehen ihre eigenen Emotionen und die Gründe dahinter besser als andere Menschen. Dementsprechend gut verstehen sie auch ihre eigenen Reaktionen auf verschiedenste Situationen und können diese, mit etwas Übung, oft besser zügeln als andere, wenn sie unangebracht wären.

Hochsensible sind sehr empathisch. Das heißt, dass sie wissen, wenn etwas mit ihrem Gegenüber nicht stimmt – und zwar auch dann, wenn dieser es selbst noch gar nicht weiß. Sie haben ein Gespür für die Stimmung in einem Raum; damit sie wissen, was vor sich geht, muss meist noch nicht einmal gesprochen werden – das heißt, dass sie Dinge wie Spannungen zwischen mehreren Personen, aber auch Freude und Trauer vernehmen können, ohne dass solche Gefühle direkt angesprochen werden müssen.

Das macht sie zu wertvollen Menschen in unserer Gesellschaft, weil sie viel Mitgefühl aufbringen können und zwischenmenschliche Kontakte davon profitieren; aber auch in sozialen, therapeutischen und medizinischen Berufen werden sie gebraucht. Ihr großes Mitgefühl veranlasst Hochsensible auch oft dazu, anderen zu helfen und immer ein offenes Ohr für die Probleme anderer zu haben; es kann aber auch zu einer Belastung werden, und zwar dann, wenn sie ihre eigenen Gefühle nicht von denen der anderen

Menschen unterscheiden können. Damit sie das verhindern können, brauchen sie häufiger Pausen, in denen ihnen vor allem Ruhe geboten wird.

Hochsensible Menschen haben schon vom Kindesalter an einen sehr ausgeprägten Gerechtigkeitssinn; ihr moralischer Kompass ist meist genauso sensibel wie ihre restlichen Sinne. Das bedeutet, dass es ihnen schwerfällt, gegen ihr Gewissen zu handeln und sie Ungerechtigkeit nur sehr ungern zulassen. Auch durch den Gerechtigkeitssinn verspüren sie oft das Bedürfnis, anderen Menschen zu helfen und sind damit eine große Bereicherung für unsere Gesellschaft.

Eine praktische Übung zum Umgang mit Hochsensibilität

Reizpausen: Diese Übung wurde dafür entwickelt, Reizüberflutungen zu reduzieren, indem sie den Hochsensiblen aktiv dazu auffordert, eine bestimmte Distanz zu Reizen aufzubauen, wenn das nötig ist. Obwohl Reizüberflutungen wohl immer ein Begleiter für Hochsensible bleiben werden, ist es eine gute Idee, sie wenigstens in ihrer Häufigkeit zu reduzieren.

In der Regel werden sie ausgelöst, wenn zu viele Reize auf einmal auf einen Menschen einströmen und bei Hochsensiblen ist die Schwelle, die überschritten werden muss, bevor es zur Reizüberflutung kommt, niedriger als bei anderen Menschen. Es ist schwer, die

Schwelle an sich zu verschieben, es ist aber durchaus möglich, wenigstens die Menge an Reizen, die dazu beitragen, dass sie überschritten wird, zu reduzieren.

Eine sinnvolle Aufgabe dazu ist es, den Medienkonsum bewusst zu reduzieren. Das bezieht sich nicht nur auf die Ruhepausen, in denen der Medienkonsum so oder so heruntergefahren werden sollte, sondern auf den generellen Umgang mit allen möglichen Informationsquellen. Wir neigen dazu, sehr viele Einflüsse auf uns einströmen zu lassen und sehr schnell möglichst viele Informationen erhalten zu wollen.

Das kann für Hochsensible schnell überfordernd wirken – deswegen ist es sinnvoll, Medien bewusst zu konsumieren; bei der Zeitung nicht von Schlagzeile zu Schlagzeile zu springen, weniger Nachrichten zu checken, das Bedürfnis, immer auf dem aktuellen Stand zu sein, auch mal zu drosseln.

Bringen Sie Ihrem Kind also früh bei, dass auch offline gut sein kann, dass es sich auch mit seinen eigenen Gedanken und seiner direkten Umwelt beschäftigen sollte und dass es gut sein kann, nicht immer eine neue Quelle für alle möglichen Informationen vor sich zu haben. Das heißt nicht, dass Ihr Kind niemals online sein sollte, das bedeutet aber, dass es sich immer dessen bewusst sein sollte, was es macht.

„Wir sind gezwungen, Entscheidungen zu treffen und Prioritäten zu setzen, aber weil sie so gewissenhaft sind, stellen sich hochsensible Menschen meist hinten an"

- Elaine N. Aron

Was Hochsensibilität von ADHS unterscheidet

Gerade im Kindesalter werden Hochsensible eher mit ADS oder ADHS als mit Hochsensibilität diagnostiziert. Das hat unterschiedliche Gründe, liegt aber nicht zuletzt daran, dass es einem Außenstehenden oft schwerfällt, den Unterschied zu erkennen, weil Hochsensibilität ja vor allem im Inneren stattfindet.

Aber fangen wir am besten am Anfang an: ADS steht für „Aufmerksamkeitsdefizit-Syndrom", was im Grunde einfach nur beschreibt, dass Betroffene große Probleme dabei haben, bei einer Aufgabe zu bleiben, sich auf eine Sache für längere Zeit zu konzentrieren und ihre Aufmerksamkeit auf eine konkrete Übung zu richten. ADHS bedeutet so viel wie „Aufmerksamkeitsdefizit-Hyperaktivitätsstörung"; Betroffene haben ebenfalls Probleme damit, ihre Aufmerksamkeit auf eine einzige Sache zu richten, haben aber zusätzlich dazu noch eine verringerte Impulskontrolle. Das heißt, dass sie inneren Impulsen schneller nachgeben und führt bei Kindern oft dazu, dass sie sehr unruhig sind, nicht stillsitzen können und im Unterricht viel dazwischenreden. Bei beiden Krankheiten handelt es sich, im Gegensatz zur Hochsensibilität, um psychische Störungen, die zwar entsprechend belastend, aber auch behandelbar sind.

Gerade bei Schulkindern scheinen ADS, ADHS und Hochsensibilität identisch zu sein: Denn die Kinder können sich sehr schlecht im Unterricht konzentrieren, sind unruhig und bekommen vergleichsweise schlechte Noten, eben weil die Konzentration fehlt.

Das bedeutet, dass es gar nicht so verwunderlich ist, dass die Diagnosen so oft verwechselt werden; auch deshalb, weil der erste Impuls zum Gespräch mit einem Experten häufig von Lehrern ausgeht, die die Kinder zwar im Unterricht erleben, aber wenig Überblick über jeden Einzelnen haben. Auch solch oberflächliche Einschätzungen können dazu führen, dass die Diagnose am Ende in die falsche Richtung geht und Ihrem Kind nicht optimal geholfen werden kann.

Ein weiteres Problem ist das junge Alter der Betroffenen – denn es handelt sich hierbei immer noch um Kinder, die sich selbst zwar am besten kennen, aber wenig Erfahrung damit haben, inwiefern das, was sie erleben, unterschiedlich ist von dem, was andere erleben. Das heißt, dass Kinder oft selbst gar nicht wissen, dass etwas bei ihnen nicht so ist, wie es sein sollte und schon gar nicht, wie man es benennen sollte – und wenn dann ein Lehrer vorschlägt, bei den Konzentrationsproblemen könnte es sich um ADS oder ADHS handeln, klingt das nach einer plausiblen Lösung.

Jetzt ist es natürlich nicht nur wichtig zu wissen, dass die Diagnosen oft verwechselt werden – Sie sollten auch wissen, wie Sie Verwechslung vermeiden können. Da ADS und Hochsensibilität von außen so ähnlich scheinen, sollte ein erster Schritt immer sein, mit Ihrem Kind zu reden – wie fühlt es sich? Hat es das Gefühl, dass es bestimmte Dinge anders oder besser wahrnimmt als andere? Sieht es einen Grund dafür, dass es sich nicht konzentrieren kann oder passiert das einfach so? Noch dazu können Sie versuchen, das Verhalten und die Persönlichkeit Ihres Kindes zu beobachten; achten Sie auf Dinge wie einen verstärkten Gerechtigkeitssinn oder viel Empathie – denn obwohl beides auch bei Kindern mit ADS auftreten kann, weil das eben Merkmale sind, die theoretisch auf jeden Menschen zutreffen könnten, sind sie bei hochsensiblen Kindern weitaus verbreiteter. Weitere Anzeichen sind, natürlich, vermehrte Reizüberflutungen – ist Ihr Kind überfordert mit der Umwelt? Auch sowas könnte theoretisch bei Kindern mit ADS auftreten, ist aber deutlich unwahrscheinlicher.

Nicht zuletzt kann es auch helfen, Ihr Kind mal allein in seinem Zimmer die Hausaufgaben machen zu lassen. Das klingt erstmal ziemlich banal, kann aber ein entscheidendes Indiz sein: Denn während Kinder mit ADS und ADHS große Probleme dabei haben sollten, sich lange auf die Hausaufgaben zu konzentrieren und die Aufgaben überhaupt zu bewältigen, sollte es hochsensiblen Kindern durchaus gelingen, ohne Probleme alles zu bearbeiten. Das liegt daran, dass hochsensible Kinder eine andere Art von Konzentrationsschwäche haben; ihnen fällt es nicht schwer, sich auf eine Aufgabe zu konzentrieren (das können sie eigentlich ziemlich gut), für sie ist es schwer, sich zu konzentrieren, wenn sie durch viele Reize abgelenkt werden. Das heißt, dass sie sehr gut arbeiten können, wenn sie in ihrem Zimmer sitzen und nicht durch Geräusche oder sonstige Einflüsse abgelenkt werden, das bedeutet aber auch, dass ihnen das Lernen im Klassenzimmer eher schwerfallen wird. Schließlich gibt es hier quasi immer ein Geräusch; jemand redet, jemand raschelt, der Nächste wirft seinen Stift runter, die Uhr tickt, zwei Leute husten. Das allein kann Ihr hochsensibles Kind gut und gern in den Wahnsinn treiben und wird schließlich dazu führen, dass es den gleichen Einbruch in seinen Noten erlebt, wie es auch Kinder mit ADS und ADHS tun.

Letztendlich sollten Sie – vor allem dann, wenn Sie schon Hinweise von Lehrern bekommen oder einen unerklärlichen Einbruch bei den Noten Ihres Kindes erlebt haben – trotzdem mit einem Experten sprechen. Es ist sehr hilfreich, wenn Sie ihm schildern können, was Sie beobachtet haben, ob das nun für Hochsensibilität oder ADS spricht, sollte aber am Ende des Tages trotzdem durch jemanden abgeklärt werden, der die nötigen Fachkenntnisse aufweist. Das hat zusätzlich den großen Vorteil, dass nicht nur eine Diagnose sehr viel zuverlässiger ist, sondern auch Wege gefunden werden können, Ihrem Kind aktiv zu helfen. Ob das nun eine Verhaltenstherapie bei ADS oder ADHS ist oder ein Coaching für Sie und Ihr Kind, wenn die Zeichen eher auf Hochsensibilität deuten – Ihrem Kind kann dann am besten geholfen werden, wenn Sie mit Sicherheit wissen, was das Problem ist.

Eine praktische Übung zum Umgang mit Hochsensibilität

Vorabend-Check: Wie bereits erwähnt, sind viele Hochsensible durch Spontanität und neue Erfahrungen oft erstmal überfordert. Das lässt sich aber in der Regel gut vermeiden, wenn Sie und Ihr Kind schon am Vorabend darüber nachdenken, was am nächsten Tag ansteht. Es ist eine gute Idee, sich eine Liste zu machen, auf die Sie oder Ihr Kind aufschreiben, welche Aufgaben oder Termine für den nächsten Tag anstehen. Ein Farbsystem eignet sich gut, um zu markieren, welche Aufgaben auf keinen Fall aufgeschoben werden können und was ruhig noch einen Tag warten kann, wenn es nicht mehr in den Tag passt. Beim Erstellen der Liste ist es wichtig, dass der Tag nicht zu voll wird, denn Zeit für Pausen sollte auf jeden Fall berücksichtigt werden.

Ihr Kind kann die Liste dann am nächsten Tag mit sich führen und Dinge abhaken, die es schon erledigt hat. Möchte es das nicht tun, kann sie auch schon dabei helfen, überhaupt eine Idee dafür zu bekommen, was für den nächsten Tag ansteht.

Den perfekten Platz in der Gesellschaft finden

Auf lange Sicht ist es wichtig, dass Ihr Kind einen Platz in der Gesellschaft findet, an dem es sich wohlfühlt und der ihm ein Gefühl von Erfüllung vermittelt – das bedeutet für Menschen nämlich in aller Regel auch, dass sie sich fühlen, als wären sie angekommen und als wären sie mit ihrem Leben auf dem richtigen Weg. Während dieser Platz für die meisten Menschen simpel durch ihre Stärken und Schwächen, vielleicht auch noch Interessen geprägt wird, kann das bei Hochsensiblen schon ein bisschen schwieriger werden, weil hier noch ein paar weitere Faktoren mit ins Spiel kommen. Wie Sie Ihr Kind trotzdem dabei unterstützen können, einen Platz für sich zu finden, erfahren Sie im Folgenden.

Sehen wir einmal vom Berufsleben ab, sollte der erste Schritt immer sein, Menschen zu finden, die man gern bei sich hat und die einen in allen Lebenslagen unterstützen. Das ist auch für Ihr hochsensibles Kind wichtig – auch dann, wenn es sich lieber in seinem Zimmer zurückziehen und allein sein würde. Für Hochsensible ist es wichtig, dass sie Freunde finden, die sie verstehen und die sich dazu bereit erklären, Rücksicht auf die speziellen Bedürfnisse des Hochsensiblen zu nehmen. Häufig eignen sich Menschen, die ähnlich introvertiert sind, wie die meisten Hochsensiblen und deswegen selbst nicht unbedingt immer unter vielen Menschen sein wollen; viel Verständnis ist genauso wichtig, denn besonders für Menschen, die mit dem Phänomen nicht vertraut sind, kann es zunächst sehr verwirrend oder überfordernd wirken. Einen solchen Freund zu finden, dürfte im Kindesalter recht schwer sein, weil Kinder meist erst noch lernen müssen, wie sie sich in der Umgebung von anderen Menschen zu verhalten haben, aber gerade dann, wenn Ihr Kind älter wird und beginnt, sich von Ihnen zu lösen, ist es wichtig, dass es nicht auf sich allein gestellt ist. Weil Sie ihm auch nicht vorschreiben sollten, mit wem es sich anfreundet und warum oder es dazu zwingen sollten, sich überhaupt Freunde zu suchen, ist hier der beste Trick die richtige Motivation: Zeigen Sie ihm, wie gut ein richtiger Freund tun kann, welche Vorteile es haben kann und schauen Sie, ob es in Ihrer Umgebung vielleicht sogar kleinere Gruppen von Leuten mit ähnlichen Bedürfnissen gibt, in denen sich Ihr Kind eventuell austauschen könnte. Sollte es sowas nicht geben, sind auch Internetforen eine gute Idee, wenn es darum geht,

Erfahrungen von anderen Hochsensiblen zu lesen und verschiedene Ideen, Perspektiven, Ängste und Gedanken zu teilen.

Auch dann, wenn es Ihrem Kind eher schwerfällt, Freunde zu finden, sollten Sie keinen zusätzlichen Druck ausüben – denn es ist natürlich, dass Sie sich Sorgen machen, der Druck wird Ihrem Kind aber sicherlich nicht dabei helfen, jemanden zu finden, der zu ihm passt. In quasi allen Situationen ist der Trick zu warten; oft finden sich Freunde von ganz allein, wenn die Zeit dazu reif ist.

Ein Platz in der Gesellschaft zeichnet sich nicht nur durch ein angenehmes soziales Umfeld aus; in aller Regel bedarf es auch eines Berufs, damit ein Mensch wirklich seinen Platz finden kann. Bei Hochsensiblen gilt, was auch bei vielen anderen Menschen gilt: Der Beruf sollte sich als Allererstes an den Stärken Ihres Kindes orientieren. In vorherigen Kapiteln wurde bereits thematisiert, welche Berufe eventuell geeignet wären, wenn Ihr Kind bestimmte Stärken oder Fähigkeiten besitzt – durch diese kann es einen ganz individuellen Platz finden, durch den es gefördert wird und an dem es benötigt wird.

Für Arbeitgeber kann Ihr hochsensibles Kind eine echte Bereicherung sein, weil es Aufgaben erledigen kann, an denen andere scheitern würde. Das geht so weit, dass Hochsensibilität in weiten Teilen Asiens sogar als Geschenk angesehen wird. Dort ist nicht nur

Wissen und Verständnis gegenüber dieser Persönlichkeitseigenschaft stärker ausgeprägt, Betroffene werden außerdem viel besser integriert und gefördert, als das bei uns der Fall ist. An den Standards, die in Asien für Hochsensible geschaffen werden, können auch Sie und Ihr Kind sich orientieren, bevor Sie sich nach einem Beruf umschauen – denn oft ist es hilfreich, sich schon im Voraus über die Umstände, die gegeben sind und die, die benötigt werden, im Klaren zu sein.

Ein wichtiger Punkt ist Flexibilität, denn obwohl die meisten Hochsensiblen feste Strukturen lieben und sich gerne an ihnen orientieren, weil sie Sicherheit bieten, ist bei der Arbeit ein großes Maß an Flexibilität gut geeignet, um ein optimales Umfeld zu schaffen. Das liegt daran, dass Hochsensible dann am besten arbeiten, wenn sie allein sind und generell häufig mehr Freiräume brauchen als andere Mitarbeiter.

Auch kleine Büros sind für hochsensible Menschen besser geeignet. Damit ist nicht die physische Größe des Büros, sondern die Anzahl der Mitarbeiter gemeint – denn in der Regel bedeutet jeder zusätzliche Mitarbeiter auch zusätzlichen Stress, weil er Geräusche macht, sich bewegt, vielleicht bunte Kleidung oder ein aufdringliches Parfüm trägt etc. In kleineren Büros kann das zwar nicht ausgeschlossen werden, aber die Menge an verschiedenen Reizen, die von verschiedenen Personen verursacht werden können, ist geringer.

Oft gehen kleinere Teams auch mit mehr Familiarität einher, die bewirkt, dass die Mitarbeiter untereinander besser kommunizieren können und der Hochsensible seine Kollegen darauf ansprechen kann, welche Bedürfnisse er hat und wie sie ihm helfen könnten, wenn sie das wollen. Gelingt es, ein gutes Umfeld für alle zu erschaffen, hat das dann auch zur Folge, dass Hochsensible besser arbeiten können und entsprechend produktiver sind – etwas, das nicht nur den Chef zufrieden macht, sondern auf Dauer auch den Hochsensiblen selbst.

Auch auf das Feedback, das der Hochsensible für seine Arbeit bekommt, sollte geachtet werden, denn viele hochsensible Menschen können nur schlecht mit negativer Kritik umgehen und fühlen sich sehr schnell angegriffen. Das bedeutet, dass sie in einem angenehmen Umfeld arbeiten sollten, in dem der Chef dazu in der Lage ist, ein Feedback als ausgewogene Botschaft zwischen Lob und Kritik zu formulieren und anstatt bloßem Kritisieren auch konstruktive Vorschläge geben sollte, die der Hochsensible aktiv umsetzen kann.

Ein sehr wichtiger Aspekt ist Sicherheit; denn dadurch, dass sich Hochsensible so schnell überfordert und überlastet fühlen, kündigen sie in der Regel auch schneller als andere Mitarbeiter. Das liegt nicht zuletzt daran, dass die Mühe, die sie mit dem Job verbinden, viel größer ist als das, was sie zurückbekommen, wenn niemand Rücksicht auf sie nimmt.

Rücksicht ist auch das Stichwort, denn Sie sollten möglichst nach einem Arbeitgeber Ausschau halten, der neben Sicherheit auch Ermutigung bieten kann, wenn es mal nicht so gut läuft. Statt Kritik zu üben, sollte dem Hochsensiblen hier die Möglichkeit geboten werden, sich einen Moment zurückzuziehen oder die Aufgabe in einem anderen Raum getrennt von anderen zu erledigen.

Das führt auch direkt zum letzten Punkt: Denn auch genügend Ruhe ist ein entscheidendes Kriterium. Der perfekte Arbeitgeber hilft wohl auch nicht, wenn der Hochsensible an einer Bar oder in einem Club arbeitet; das würde wohl einfach nicht gut gehen. Für viele Hochsensible eignet sich Büroarbeit, aber auch Arbeit von zu Hause aus kann eine gute Idee sein. In sozialen oder medizinischen Berufen blühen sie dann am meisten auf, wenn sie direkt am Patienten arbeiten und das am besten allein (sofern das möglich ist).

In Bürojobs wäre ein Einzelbüro wohl die beste Lösung, ist aber nicht immer umsetzbar, weil es besonders kleineren Firmen oft an Mitteln dazu fehlt. Dann sollte zumindest Arbeit mit möglichst wenig anderen Menschen im gleichen Raum umgesetzt werden; zudem sollte es genügend Zeit für Pausen geben, die der Hochsensible am besten selbst wählen darf. Für die Pausen sollte es einen gesonderten Raum geben, in den sich zurückgezogen werden kann und der reizarm und ruhig ist.

Für viele Hochsensible ist es schwer, eine Arbeit zu finden, weil sie sich vor der Umstellung scheuen. Auch wenn Sie Ihr Kind nicht sein ganzes Leben lang begleiten können, kann es doch hilfreich sein, wenn Sie es vor allem dann unterstützen, wenn es zum ersten Mal einen Job annimmt; reden Sie mit ihm darüber, was es braucht und was nicht und schauen Sie gemeinsam, welche Arbeitgeber in Frage kommen könnten.

Bringen Sie Ihrem Kind bei, dass Geduld ein wichtiger Faktor ist – auch dann, wenn es sich selbstständig nach einem Job umschaut. Damit es sich letztendlich wohlfühlt, kann es notwendig sein, die ein oder andere Hürde zu überwinden.

Eine praktische Übung zum Umgang mit Hochsensibilität

Tagebuch schreiben: Hochsensible Menschen nehmen ein Vielfaches von dem wahr, was andere Menschen erfahren; auch kleine Details entgehen ihnen nicht und obwohl sie oft auch ein gutes Gedächtnis haben, sind sie natürlich nicht immun dagegen, Dinge zu vergessen – vor allem dann nicht, wenn die Vielzahl an Reizen einander überlagert.

Gerade deswegen kann es Ihrem Kind helfen, wenn es

sich hin und wieder die Zeit nimmt und seine Gedanken und Gefühle irgendwo festhält. Das kann vor allem bei jüngeren Kindern sinnvoll sein, wenn sie sich noch unsicher sind, wie genau sie eine bestimmte Emotion klassifizieren können – mit einem Tagebuch können sie diese zumindest festhalten und dann zu einem späteren Zeitpunkt nochmal darüber nachdenken. Es kann dabei helfen, schöne und weniger schöne Dinge festzuhalten und später noch einmal einen Überblick über das zu haben, was genau passiert ist.

Ein Tagebuch hilft auch dabei, Reize zu finden, die besonders häufig zu Überforderung führen; viele Hochsensible haben sogenannte „Trigger", die quasi immer dazu in der Lage sind, eine Reizüberflutung auszulösen.

Wenn Ihr Kind Reize, die zu einer Überforderung führen, festhält, können Sie zusammen nach Regelmäßigkeiten suchen und vielleicht sogar solche Trigger ausmachen. Haben Sie einen Trigger gefunden, ist es oft sinnvoll, ihm erstmal aus dem Weg zu gehen – wenn das möglich ist – oder darauf zu achten, dass Ihr Kind genügend Energie hat, um sich einem solch intensiven Reiz zu stellen.

„Hochsensibilität ist keine Krankheit oder Störung. Es ist nichts, das überwunden oder geheilt werden muss."

– Jenn Granneman

Geduld und Verständnis sind der Schlüssel

Die Erziehung von hochsensiblen Kindern kann sowohl die Eltern als auch die Kinder vor Probleme stellen; natürlich sollte hier – wie bei allen anderen Kindern auch – Liebe und Geborgenheit an allererster Stelle stehen. Trotzdem können hochsensible Kinder ihre Eltern vor die ein oder andere Herausforderung stellen und mit ihrer besonderen Wahrnehmung nicht nur selbst überfordert sein, sondern auch Überforderung bei den Eltern auslösen.

Der erste Schritt für Sie sollte sein, Ihr Kind so anzunehmen, wie es ist und seine Besonderheiten als solche anzuerkennen. Hochsensibilität kann zwar auch für Sie eine Belastung sein, aber die Schuld daran sollten Sie nicht in Ihrem Kind suchen; hochsensible Kinder zu erziehen ist keine Strafe, sondern eine besondere Aufgabe. Es ist so wichtig, dass Sie das verinnerlichen, weil hochsensible Kinder sehr schnell spüren, wenn sie nicht wirklich angenommen werden, die Eltern sich etwas anderes wünschen würden oder die Eltern mit der Situation unzufrieden sind. Dass das schädlich für die emotionale Entwicklung des Kindes ist, muss an dieser Stelle wohl nicht erwähnt werden.

Damit Sie Ihr Kind verstehen können, benötigen Sie sehr viel Geduld und Verständnis; Sie werden häufig darüber reden müssen, wie Ihr Kind sich fühlt, warum es sich so fühlt, was es in einer bestimmten Situation überfordert hat, was Sie beim nächsten Mal besser machen können. Auch hier ist es wichtig, dass Sie Ihrem Kind nicht die Schuld dafür geben, dass es überfordert war, denn ihm selbst fällt es schwer, mit einer solchen Situation umzugehen – Ihr Ärger wird es für das Kind nur schlimmer machen. Kommunikation auf Augenhöhe ist deswegen der Schlüssel, um eine faire Lösung zu finden.

Verständnis für Ihr Kind zu entwickeln bedeutet auch, bestimmte Abläufe in Ihrem Leben an die Bedürfnisse des Kindes anzupassen. Vor allem zu Hause sollten Sie unnötige Reize reduzieren. Hören Sie beim Frühstück gern Radio? Für Ihr Kind bedeutet das viel Stress – also sollten Sie auch bei solchen Kleinigkeiten Kompromisse finden. Hier wäre eine Idee, getrennt zu frühstücken; ist das für Sie keine Option, könnten Sie sich auch darauf einigen, das Radio nur für eine gewisse Zeit laufen zu lassen. Besonders bunte Deko kann auch schnell eine Belastung werden, genauso wie viele

Bilder an den Wänden, viele duftende Blumen etc. Damit Ihr Kind sich zu Hause wohlfühlen kann, sollten Sie auch hier mit ihm darüber sprechen, ob solche Dinge zu viel für es sind und was verändert werden müsste, damit es ihm besser geht.

Hochsensible Kinder brauchen besonders viel Zuwendung. Das bedeutet, dass Sie als Elternteil immer dazu bereit sein sollten, ihm Nähe und Geborgenheit zu schenken. Oft ist es auch nicht genug, das Kind nur zu beruhigen – das hält es zwar davon ab, weiter zu weinen oder zu schreien, kann ihm aber nicht dabei helfen, auch emotional über das hinwegzukommen, was es traurig gemacht hat; hier ist es also wichtig, dass Sie es trösten, für es da sind und mit Ihrem Kind sprechen. Häufig kann es schon helfen, wenn das Kind sich verstanden fühlt – also, wenn Sie ihm genug Zeit schenken, um ihm dabei zuzuhören, wie es über Probleme spricht. Sie sollten es ernst nehmen, wenn es Kummer hat – und zwar auch dann, wenn der Auslöser für Sie unbedeutend scheint. Bei sehr kleinen Kindern, die selbst noch nicht sprechen können, ist es eine gute Idee, den Gefühlszustand für das Kind zu formulieren, zum Beispiel: „Du bist jetzt traurig“ oder „Du bist jetzt wütend.“ Das gibt ihm dann früher die Möglichkeit dazu, die richtigen Worte zu finden, um seine Emotionen beschreiben zu können. Aber auch das Setzen von Grenzen ist wichtig. Natürlich liegt Ihnen das Wohl Ihres Kindes am Herzen und natürlich braucht es ein besonderes Maß an Verständnis, aber das heißt nicht, dass Sie es übermäßig behüten oder jedes Verhalten tolerieren sollten. Ihre eigenen Bedürfnisse sind auch wichtig und die sollten Sie auch nicht vernachlässigen. Setzen Sie also klar formulierte und einhaltbare Grenzen und seien Sie hier auch konsequent bei der Durchsetzung eben dieser Grenzen.

In der Umwelt werden Sie wohl häufig auf wenig Verständnis für das sonderbare Verhalten Ihres Kindes stoßen; ob das nun in der Schule ist oder bei Verwandten und Freunden, die mit dem Problem einfach nicht vertraut sind. Hier ist es wichtig, dass Sie für sich und Ihr Kind einstehen und versuchen zu erklären, was genau das besondere Verhalten auslöst. Auch dann, wenn andere Ihr Kind nicht verstehen können, ist es wichtig, dass Sie immer das nötige Verständnis aufbringen; es wird sich sicher das ein oder andere Mal ‚komisch' oder für Sie wenig nachvollziehbar verhalten – seien Sie sich aber sicher, dass es hierfür einen Grund hat. Sprechen Sie also darüber, erinnern Sie sich daran, dass es schnell überfordert sein kann und dass das unter Umständen der Auslöser war. Seien Sie geduldig und zeigen Sie auch dann Liebe, wenn Sie noch nicht wissen, was der Auslöser war; Ihr Kind wird es Ihnen danken.

Eine praktische Übung zum Umgang mit Hochsensibilität

Lob: Hochsensible neigen dazu, sehr perfektionistisch und folgend auch selbstkritisch zu sein. Während es wichtig ist, dass Ihr Kind lernt, seine eigene Arbeit auch dann zu schätzen, wenn es andere nicht tun und immer stolz auf sich zu sein, schon allein dafür, dass es Mühe in eine Aufgabe gesteckt hat, sollten auch Sie als Elternteil am Lob beteiligt sein.

Sie sollten also üben, Ihr Kind immer zu loben, auch dann, wenn das Ergebnis nicht dem entspricht, was Sie oder das Kind selbst sich vorgestellt hatten – denn auch wenn das Ergebnis vielleicht nicht perfekt ist, hat Ihr Kind sehr sicher viel Mühe in die Aufgabe gesteckt. Es ist also wichtig, dass Sie schon allein den Prozess loben und nicht nur dann stolz sind, wenn das Resultat Ihren Vorstellungen entspricht.

Anstatt sich also zu ärgern, dass es beispielsweise eine schlechte Note in Mathe bekommen hat, sollten Sie es dafür loben, dass es überhaupt gelernt hat. Sie sollten Dinge sagen wie: „Ich habe gesehen, wie viel Mühe du dir gegeben hast und wie fleißig du gelernt hast, das hast du gut gemacht."

Hochsensible Kinder tendieren außerdem dazu, zu lügen, damit sie keinen Ärger bekommen.

Sie sollten Ihr Kind also auch dann loben, wenn es ehrlich ist, obwohl die Ehrlichkeit vielleicht bedeutet, dass das Kind etwas zugibt, das weniger gut ist.

Damit Sie sicher gehen, dass Ihr Kind seine Hochsensibilität mehr als Geschenk und nicht als Plage ansieht – was wichtig ist, weil es das ja nicht einfach loswerden kann – sollten Sie es auch für Fähigkeiten, die mit der Hochsensibilität verbunden sind, loben. Wenn es zum Beispiel sehr kreativ war oder die Gefühle eines anderen Menschen wahrgenommen hat, ihn aufgemuntert hat etc.

„Wenn du immer versuchst normal zu sein, wirst du niemals erfahren, wie besonders du sein kannst.“

- Maya Angeloa

Hochsensible Eltern und jene Eltern, die nicht hochsensibel sind

Im Familiensystem nehmen hochsensible Kinder häufig eine besondere Rolle ein; sie können Stimmungen ihrer Eltern und Geschwister spüren und werden deswegen gerade unter Geschwistern gern als Ansprechpartner genutzt, sollte es zu emotionalen Problemen kommen. Das kann dann problematisch werden, wenn sie die Rolle des ‚Familientherapeuten' übernehmen und die Emotionen aller anderen Familienmitglieder ausgleichen sollen; gleichzeitig sind sie auch sehr gut darin, anderen zuzuhören – es ist also vielleicht nicht immer schlecht, mit ihnen über Probleme zu reden.

Das Familiensystem kann aber noch ein bisschen komplexer werden – und zwar dann, wenn nicht nur mindestens eines der Kinder hochsensibel ist, sondern es auch mindestens ein Elternteil ist. Hochsensibilität wird ein gewisses Maß an Erblichkeit nachgesagt, also ist es gar nicht so unwahrscheinlich, dass die Eltern hochsensibler Kinder selbst hochsensibel sind.

Sowohl Hochsensibilität als auch Nichthochsensibilität der Eltern kann seine Vor- und Nachteile haben, auf die im Folgenden genauer eingegangen werden soll.

Nichthochsensible Eltern bieten oft eine Art Ruhepol für ihre Kinder; sie sind eine Alternative zu den starken Gefühlslagen und wechselnden Verhaltensweisen. Sie können ihr Kind hervorragend auf das Leben außerhalb der Familie vorbereiten und dabei eine wichtige Vorbildrolle einnehmen; sie können dem Kind demonstrieren, wie es sich in einer wirren und verzwickten Welt zurechtfinden kann.

Dabei können sie ihr Kind auch ermutigen, neue Erfahrungen zu machen, weil sie sie selbst nicht scheuen und die Ruhe bewahren können, wenn etwas nicht so läuft, wie es geplant war; sie bieten also besonders viel Sicherheit, wenn es um neue Dinge geht. Es kann Nichthochsensiblen auch leichter fallen, sich für ihr Kind einzusetzen, weil sie oft kommunikativer und direkter sind.

Sind die Eltern nicht hochsensibel, kann es sie aber auch vor einige Herausforderungen stellen – vor allem dann, wenn es darum geht, das eigene Kind richtig verstehen zu können. Hier ist es in der Regel eine gute Idee, sich von anderen Hochsensiblen beraten zu lassen und nach deren Erfahrungen zu fragen, schon deshalb, weil das eine neue Perspektive auf die Art, wie das Kind die Welt erlebt, bieten kann. Nichthochsensible Eltern sollten besonders einfühlsam sein und versuchen, sich in die Lage des Kindes hineinzuversetzen, auch wenn das nicht immer ganz einfach ist. Oft sind Kompromisse und eine sehr ausgewogene Kommunikation nötig, um die Brücke zwischen den verschiedenen Wahrnehmungen schlagen zu können.

Es ist außerdem wichtig, dass nicht-hochsensible Eltern ihre eigenen Erfahrungen klar von denen ihres hochsensiblen Kindes abgrenzen; was sie im Alter des Kindes erlebt haben, bringt das Kind oft nicht weiter, weil es sich in einer anderen Situation befindet als die Eltern. Floskeln wie „Als ich in deinem Alter war…“ richten also mehr Schaden an, als sie Gutes tun. Nichthochsensible Eltern sollten sich deswegen eher darauf konzentrieren, ihr Kind bei dem Sammeln eigener Erfahrungen zur Seite zu stehen und es auf seinem ganz individuellen Weg zu begleiten.

Hochsensible Eltern haben den Vorteil, dass sie ihr hochsensibles Kind äußerst gut verstehen können; sie können nachvollziehen, was in ihm vor sich geht, sie wissen aus Erfahrung, welchen Effekt bestimmte Reize haben können und müssen nicht erst lernen, was es mit Hochsensibilität auf sich hat. Das kann die Kommunikation erleichtern, weil das Denken der hochsensiblen Eltern nah dran ist an der Weise, wie das Kind denkt; aber auch äußerlich ist die Kommunikation durch einen eher ruhigen Tonfall automatisch angepasst, weil alles andere sowohl Eltern als auch Kind stressen würde.

Es können sich auch gemeinsame Interesse bilden, wie zum Beispiel ein besonders ausgeprägtes Interesse an Kunst, aber auch gemeinsame Aktivitäten, die für alle Beteiligten eine Befreiung sind. Trotzdem sollten hochsensible Eltern ihren Kindern erlauben, eigene Interessen zu bilden; denn letztendlich bedeutet Hochsensibilität bei zwei Menschen nicht automatisch, dass sie alle Vorlieben teilen. Durch eigene Erfahrungen können hochsensible Eltern gut auf die Fragen eingehen, die sich ihrem Kind im Laufe seiner Entwicklung stellen und Fortschritte oder Gedanken des Kindes können den Horizont der Eltern erweitern.

Hochsensibilität der Eltern hat aber auch einige Nachteile. Haben die Eltern zum Beispiel selbst eine negative Einstellung zu Hochsensibilität, weil sie schlechte Erfahrungen gemacht haben, kann sich das sehr schnell auf das Kind übertragen und ihm damit unnötigen Ballast aufbürden. Hochsensible Eltern neigen außerdem dazu, ihr Kind übermäßig zu schützen, vor allem, weil sie selbst die Erfahrung gemacht haben, wie überfordernd die Welt sein kann und sie verhindern wollen, dass das Kind auf die gleiche Weise leidet. Manchmal ist es aber erforderlich, dass Kinder bestimmte Erfahrungen machen und bestimmte Dinge selbst erleben, damit sie über sich selbst hinauswachsen können – Eltern, die ihre Kinder vor allem beschützen wollen, hindern sie daran, sich weiterzuentwickeln. Bei hochsensiblen Eltern entsteht zu dem das Risiko, dass sie sehr intensiv mit ihrem Kind mitleiden, wenn dieses etwas Negatives erlebt. Das kann so weit gehen, dass die Eltern ihre eigenen Gefühle nicht mehr von denen des Kindes trennen können; das sollte auf jeden Fall verhindert werden, weil dies nicht nur sehr schädigend für die Eltern, sondern auch gefährlich für die Entwicklung des Kindes werden kann.

Ein solcher Fall wäre eine gemeinsame Überidentifikation, bei der das Kind die Emotionen der Eltern und die Eltern die Emotionen des Kindes übernehmen, bis die Grenzen zwischen eigenen und fremden Gefühlen so sehr verwischen, dass beide Bereiche nicht mehr eindeutig voneinander trennbar sind. Das ist sehr verwirrend für ein Kind und hindert es nicht selten daran, eine eigene Identität zu bilden.

Hier ist es notwendig, einen Schritt zurückzutreten und eher den Überblick über die Situation an sich zu gewinnen; so kann verhindert werden, dass Eltern sich vom Schmerz des Kindes überwältigen lassen.

Für hochsensible Eltern ist es wichtig, dass sie zunächst selbst Stabilität erlangen, damit sie ihr Kind unterstützen können und gar nicht erst in eine Situation gelangen, in der sich beide Welten vermischen. Sie sollten Rücksicht auf sich selbst und ihre Emotionen nehmen und sich selbst auch während der Erziehung erlauben, ein Mensch mit Gefühlen zu sein – es ist in Ordnung, wenn auch Eltern mal eine Auszeit brauchen. Die Eltern müssen gut für sich selbst sorgen, damit sie eine positive Grundhaltung einnehmen können und dann für ihr Kind da sein, wenn es sie braucht. Genügend Selbstachtung kann das Kind auch passiv auf seinem Lebensweg unterstützen – denn wenn es sieht, dass die Eltern gut mit sich und der eigenen Hochsensibilität umgehen, kann es sie als Vorbild für eigenes Verhalten nutzen und ebenfalls eine positive Einstellung zu sich selbst aufbauen.

Ob Sie nun selbst hochsensibel sind oder nicht, Sie sind an allererster Stelle immer noch ein Elternteil, das sein Kind auf den richtigen Weg bringen und auf die Zukunft vorbereiten sollte. Das ist nicht immer so einfach und kann Sie vor viele Herausforderungen stellen, bei denen Sie vielleicht auch mal die falsche Entscheidung treffen.

Sowohl für hochsensible als auch nichthochsensible Eltern gilt, dass sie sich auch Fehler bei der Erziehung verzeihen sollten. Natürlich wollen Sie immer nur das Beste für Ihr Kind, aber letztendlich sind Sie eben doch nur ein Mensch und Menschen machen hin und wieder auch Fehler. Das ist in Ordnung. Wenn Sie einen Fehler machen, sollten Sie sich dafür entschuldigen und dann weitermachen, ohne sich ewig daran aufzuhängen – denn durch Fehler lernt man bekannterweise.

Eine praktische Übung zum Umgang mit Hochsensibilität

Gefühle benennen: Da Hochsensible Gefühle sehr intensiv wahrnehmen können, aber auch häufig das spüren, was in den Menschen um sie herum vor sich geht, kann das bei ihnen schnell für viel Verwirrung sorgen. Das betrifft häufig vor allem Kinder, weil sie Emotionen noch nicht so gut beschreiben oder zuordnen können und weil es für sie schwer sein kann, zu unterscheiden, ob sie gerade ihre eigenen Gefühle wahrnehmen oder die eines anderen Menschen.

Deshalb sollten Sie zusammen mit Ihrem Kind üben, Emotionen zu benennen. Geben Sie ihm Begriffe für einfach verständliche Gefühle, wie „Freude“ oder „Trauer“, und wagen Sie sich dann an komplexere Konstrukte heran; wenn Ihr Kind darin geübt ist, verschiedene Gefühle zu benennen, können Sie noch einen Schritt weitergehen.

Wenn Ihnen auffällt, dass es in einem bestimmten Moment wohl gerade Freude oder Trauer oder Wut oder Langeweile empfindet, fragen Sie gezielt danach, was es gerade fühlt und ob es vielleicht sogar den Grund dafür kennt.

In Situationen, in denen es die Emotionen eines anderen Menschen für seine eigenen hält, kann diese Übung ihm dabei helfen, eben dieses Muster zu erkennen und die Ursache für seine Gefühle ausfindig zu machen. Wenn jetzt zum Beispiel ein Mitschüler in der Schule vom Lehrer Ärger bekommt, weil er seine Hausaufgaben nicht gemacht hat, wird auch Ihr Kind sich mit hoher Wahrscheinlichkeit bedrückt fühlen – an dieser Stelle sollte es sich fragen: „Was fühle ich gerade?“, „Was ist die Ursache dafür?“ und „Sind das meine eigenen Gefühle?“ Dann würde es wohl zu dem Schluss kommen, dass es das Unwohlsein des Mitschülers für sich selbst übernommen hat.

Häufig aufkommende Fragen

Das Wissen darüber, dass Ihr Kind hochsensibel ist oder sein könnte, wirft in der Regel viele Fragen auf; diese beziehen sich auf ganz verschiedene Bereiche, weil das ganze Thema an sich erst einmal sehr verwirrend sein kann. Fragen, die sich viele Menschen stellen, sind deshalb im Folgenden aufgelistet.

Was bringt es, das eigene Kind als hochsensibel zu erkennen?

An der Tatsache, dass Ihr Kind hochsensibel ist, können Sie nicht viel ändern; es handelt sich hierbei nicht um eine Krankheit, die mit der Diagnose auch therapiert und geheilt werden kann, sondern um eine Persönlichkeitseigenschaft, die wohl das ganze Leben über stabil bleiben wird. Was bringt es nun also, zu wissen, dass Ihr Kind hochsensibel ist, wenn Sie es letztendlich doch nicht ändern können?

Für Sie kann dieses Wissen wertvoll sein, wenn es darum geht, Ihr Kind zu verstehen: Denn sein Verhalten ist sicherlich häufig sonderbar. Auch den Alltag Ihres Kindes können Sie erleichtern, wenn Sie wissen, wie Sie richtig mit seinen Eigenarten umgehen können; das steigert nicht nur die Lebensqualität Ihres Kindes, sondern in der Regel auch Ihre eigene. Für Ihr Kind bedeutet Hochsensibilität, häufig der Außenseiter zu sein, der irgendwie anders ist und nirgendwo so richtig reinpasst.

Das ist oft eine schmerzhafte Erfahrung, für die es zunächst gar keinen Grund zu geben scheint. Warum trifft es denn ständig auf Unverständnis? Warum nehmen andere Menschen die Welt nicht so wahr wie es selbst? Zusammen mit der Erklärung, dass es sich hierbei um Hochsensibilität handelt, kommt oft auch Freude und Erleichterung – häufig kommt es zu neuem Selbstverständnis und Selbstbewusstsein.

Ist Hochsensibilität eher Last oder Segen?

Gerade in populärwissenschaftlichen Medien wird dazu tendiert, Hochsensibilität als etwas Großartiges anzupreisen, das den Betroffenen eine Art „Superkraft“ gibt und sie dazu befähigt, alle Gefühle ihrer Mitmenschen problemlos zu lesen. Ganz so einfach ist das aber gar nicht; denn obwohl Hochsensibilität sicher auch einige Vorteile und Chancen mit sich bringt, über die zuvor schon gesprochen wurde, stellt sie Betroffene genauso oft vor Herausforderungen und Hindernisse, die bei anderen Menschen gar nicht auftreten würden.

Ob es nun also eher eine Belastung oder Befähigung ist, hängt stark von der Einschätzung der betroffenen Person ab; das kann unter anderem auch mit der Stärke der Ausprägung zusammenhängen. Außerdem hat die Situation häufig auch starke Einflüsse auf die Einschätzung – denn dann, wenn es darum geht, einem guten Freund zu helfen, ihm zuzuhören und ihn zu verstehen, ist Hochsensibilität sicherlich eine Gabe, von der beide Gesprächsteilnehmer profitieren können. Ist der Hochsensible großer Musikfan und würde gern auf ein Konzert gehen, dürfte Hochsensibilität aber eher eine Last sein, weil Konzertgänge eine sehr große Herausforderung sind.

Die Kunst liegt meist darin, die Schwierigkeiten zu überwinden und das Beste aus der Hochsensibilität zu machen, denn Sie können es nicht ändern – versuchen Sie also, sich auf die Chancen und Fertigkeiten zu konzentrieren, die Hochsensibilität mit sich bringen kann.

Sind hochsensible Menschen auch hochbegabt?

Hochbegabung und Hochsensibilität weisen einige Gemeinsamkeiten auf, wie zum Beispiel die erhöhte Wahrnehmung oder das verbesserte vernetzte Denken. Beide Eigenschaften können bei einem einzigen Menschen vorkommen, sind aber zwei verschiedene Phänomene, die auch getrennt voneinander betrachtet werden sollten. Hochbegabte haben eine sehr umfassende, weit über dem Durchschnitt liegende, intellektuelle Begabung, die bei Hochsensiblen nicht zwingend auftreten muss.

Zusätzlich haben Hochbegabte zwar eine verbesserte Wahrnehmung, ihnen gelingt es aber in der Regel sehr gut, sich in ihren eigenen Gedankenwelten aufzuhalten und die Menschen um sich herum dabei auszublenden – das geht bei Hochsensiblen nicht so einfach, weil sie ihre Mitmenschen scheinbar immer im Blick haben und mit ihnen fühlen; sie sind auf emotionaler Ebene häufig auch sehr viel verletzlicher und leichter zu irritieren. Insgesamt sind etwa 2-3 Prozent der Menschen hochbegabt, während 15-30 Prozent hochsensibel sind. Also kann schon rein rechnerisch nicht jeder Hochsensible auch hochbegabt sein.

Wie kann Ihr Kind lernen, gut mit seiner Hochsensibilität zu leben?

Leider gibt es kein Geheimrezept, das die eine Zutat enthält, mit der allen Hochsensiblen geholfen werden kann. Gerade deshalb ist es sehr wichtig, dass Hochsensible sich mit sich selbst beschäftigen. Wenn sich Ihr Kind langfristig wohlfühlen möchte, lässt es sich wahrscheinlich nicht vermeiden, dass es seine besondere Persönlichkeit akzeptiert und sein Leben um seine eigenen Bedürfnisse aufbaut.

Das heißt nicht, dass es abgeschottet von der Welt leben und nie wieder andere Menschen sehen soll, das bedeutet aber auch, dass es wohl oder übel Abstand von Großraumbüros, Festivals und Menschenmassen nehmen sollte. Dazu gehört auch, dass es im späteren Verlauf seines Lebens eher einen ruhigen Lebensort wählen sollte, um einen Ort zu haben, an dem es wirklich herunterfahren kann und nicht sogar zu Hause dauerhaft gereizt wird.

Ihr Kind sollte trotzdem nicht vor neuen Aufgaben und Herausforderungen zurückscheuen; es sollte nur genügend Pausen für zwischendurch einplanen, damit es sein Leben problemlos bewältigen und unnötiger Überforderung aus dem Weg gehen kann.

Zum guten Umgang mit Hochsensibilität gehört auch, sich von anderen Menschen abzugrenzen, wenn Ihr Kind das Bedürfnis dazu hat. Der Ratschlag „Sag doch einfach mal Nein!“ ist da zwar oft sehr plump gesagt, aber doch ziemlich treffend. Hochsensible haben oft das Bedürfnis, die Menschen um sich herum glücklich zu machen und können deswegen schlecht ablehnen, wenn sie jemand nach einem Gefallen fragt.

Das hängt unter anderem damit zusammen, dass sie negative Stimmungen, Unbehagen und Enttäuschung ihrer Mitmenschen schnell wahrnehmen und sich entsprechend schuldig fühlen, wenn sie sich als Verursacher eben dieser Emotionen sehen. Zudem übernimmt Ihr Kind die Emotionen der Menschen um sich herum auch sehr schnell und würde so, gewollt oder ungewollt, auch seine eigene Stimmung verschlechtern, wenn es den Gefallen des anderen ablehnt.

Die eigenen Bedürfnisse hin und wieder in den Vordergrund zu stellen ist aber wichtig, wenn man auf Dauer gesund bleiben möchte. Das heißt, dass Ihr Kind lernen muss, dass es nicht immer allen um sich herum alles recht machen kann, dass nicht immer alle glücklich sein werden und dass es sich davon trotzdem nicht so sehr beeinflussen lassen sollte, wie es das wahrscheinlich tut.

Ihr Kind soll auch nicht alle anderen Menschen abwehren und nur noch auf sich achten; es sollte, bevor es eine Entscheidung trifft, abwägen, was momentan wichtiger ist, auf was es seine Energie richten *möchte* und was, aus seiner Sicht, noch warten kann.

Damit es das lernen kann, ist ein hohes Maß an Selbstachtung wichtig. Selbstachtung lernt es in der Regel zwischen Grundschulalter und Pubertät – und zwar dann, wenn andere Bedürfnisse, wie etwa physiologische Gesundheit, Sicherheit und soziale Beziehungen ausreichend gegeben sind. Sie als Elternteil sollten also nicht nur darauf achten, dass es Ihrem Kind an nichts mangelt, Sie sollten Ihr Kind auch genügend wertschätzen, ihm eine positive Beziehung zu sich selbst und seinen Mitmenschen vorleben, von der es lernen und profitieren kann. Hat es ein gewisses Maß an Selbstachtung gelernt, wird es ihm später auch leichter fallen, seine eigenen Bedürfnisse zu achten und, wenn nötig, vorn anzustellen.

*„Unterschätze mich nicht,
weil ich schweigsam bin.
Ich weiß mehr, als ich sage,
denke mehr als ich
ausspreche und beobachte
mehr, als du denkst."*

- *Michaela Chung*

Bonus: Die 10 besten Tipps, um den Alltag zu erleichtern

Im Folgenden finden Sie die Tipps und Tricks, die Sie auf jeden Fall mitnehmen und ausprobieren sollten, um Ihr Leben und das Ihres Kindes aktiv leichter zu machen!

1. Setzen Sie eine feste Bett-Geh-Zeit und Morgenroutine

Eine feste Zeit, zu der Ihr Kind jeden Tag schlafen geht, hat nicht nur den großen Vorteil, dass sich sein Körper auf den Rhythmus einstellen wird und damit das Einschlafen deutlich leichter sein kann – es ist außerdem von Vorteil, wenn Sie ausmachen, dass zum

Beispiel eine halbe Stunde vor dem zu Bett gehen das Handy weggelegt werden soll und auch von sonstiger Elektronik Abstand gehalten wird, damit Ihr Kind Zeit hat, sich von der Vielzahl an Reizen zu erholen und runterzukommen. Eine feste Routine am Morgen sorgt nicht nur für weniger Stress, wenn sie gut geplant ist, gibt sie auch genügend Zeit dafür, dass Ihr Kind sich in Ruhe auf den Tag vorbereiten kann und die nötige Energie schon im Voraus sammelt.

2. Finden Sie die Reize, die Trigger für Ihr Kind sind

Da Trigger sehr individuell sind, ist es wichtig, dass Sie die Ihres Kindes möglichst schnell finden, um unnötigen Stress zu vermeiden. Hier gibt es – wie so oft – kein Geheimrezept; wichtig ist, dass Sie und Ihr Kind die Situation und das Verhalten Ihres Kindes genau beobachten. Wenn Sie die wichtigsten Trigger gefunden haben, können Sie versuchen, Ihr Kind möglichst selten den Reizen auszusetzen, die für es am anstrengendsten sind; trotzdem sollten Sie komplettes Vermeidungsverhalten verhindern und eher darauf setzen, dass Ihr Kind immer mit der nötigen Vorbereitung und Energie an schwierige Reize herangeht. Eine gute Idee ist auch, versuchen Wege zu finden, die Ihrem Kind dabei helfen, mit Triggern umzugehen. Ist es zum Beispiel sehr empfindlich gegenüber Lärm, können Kopfhörer beim Bahnfahren ein echter Lebensretter sein!

3. Erinnern Sie sich regelmäßig an die Chancen, die Hochsensibilität mit sich bringt

Manchmal kann der Umgang mit einem hochsensiblen Kind zu einer echten Herausforderung werden; das trifft nicht nur auf Eltern, Freunde und Bekannte zu, sondern auch auf das Kind selbst. Gerade weil Hochsensibilität nicht nur schöne Seiten hat, ist es wichtig, dass Sie sich in schwereren Zeiten die guten Seiten der Eigenschaft vor Augen halten, damit Sie eine positive Grundeinstellung behalten, die Sie auch an Ihr Kind weitergeben können. Denken Sie also oft genug an die besonderen Talente Ihres Kindes und fördern Sie die Dinge, die ihm Freude bereiten. Außerdem sollten Sie es auch regelmäßig loben und damit in den Dingen bestärken, die es zu Stande gebracht hat – vor allem dann, wenn es zwar Schwierigkeiten mit einer Aufgabe hatte, aber trotzdem viel Mühe in die Umsetzung gesteckt hat. Gerade dann, wenn Ihr Kind von seiner Umwelt nur schlecht verstanden wird, weil andere Menschen nicht genug Wissen über sein Persönlichkeitsmerkmal aufweisen, ist es wichtig, dass Sie an seiner Seite stehen und ihm dabei helfen, das

Positive in seiner Persönlichkeit zu sehen.

4. Finden Sie Worte für die Emotionen Ihres Kindes

Es ist eine große Erleichterung für den Alltag Ihres Kindes, wenn Sie ihm früh Wörter beibringen, mit denen es das, was es fühlt, beschreiben kann. Das führt dazu, Emotionen, nicht nur für Ihr Kind selbst, einfacher zu verstehen und zu durchdringen, es ermöglicht ihm auch, mit Ihnen zu kommunizieren und zu beschreiben, was in ihm vorgeht. Fangen Sie also früh an, von außen sichtbare Emotionen zu beschreiben, wie etwa „Du bist traurig“ oder „Du hast Angst.“

5. Planen Sie im Voraus

Neue Erfahrungen, Unbekanntes und Spontaneität bedeuten für die meisten hochsensiblen Menschen viel Stress und ein gewisses Maß an Angst. Natürlich lassen sich neue Erfahrungen nicht vermeiden, vor allem nicht bei einem Kind, das noch vieles Lernen muss und allein durch den Verlauf seiner Entwicklung immer wieder an neuen Orten Wissen vermittelt bekommt, neue Freunde kennenlernt, früher oder später ausziehen wird und so weiter.

Trotzdem kann es eine große Erleichterung sein, wenn Sie auf Spontaneität verzichten und beispielsweise Familienausflüge oder Restaurantbesuche im Voraus mit Ihrem Kind besprechen, damit es sich darauf einstellen kann. Auch vor dem ersten Schultag helfen Vorbereitung und gegebenenfalls ein gemeinsamer Besuch der Schule, der noch während der Ferien stattfindet. Kommunizieren Sie also größere und kleinere Ideen und Aktivitäten mit Ihrem Kind, fragen Sie es ehrlich nach seiner Meinung und ob es denkt, ob das Geplante eventuell zu einer Überforderung führen könnte. Passen Sie Ihre Pläne an die Bedürfnisse Ihres Kindes an.

6. Verwandeln Sie das Zimmer Ihres Kindes in einen Rückzugsort

Besonders in der Schule, aber auch im sonstigen Alltag, ist Ihr Kind viel Stress ausgesetzt, weil es quasi dauerhaft von Reizen umgeben ist, über die es keine Kontrolle hat. Wenn es dann nach einem anstrengenden Tag nach Hause kommt, sollte es einen Ort haben, an den es sich zurückziehen kann.

Das bedeutet nicht nur, dass es wahrscheinlich erstmal Zeit für sich brauchen wird, sondern auch, dass sein

Zimmer ganz nach seinen Bedürfnissen eingerichtet sein sollte; die Einrichtung kann bei jedem hochsensiblen Kind anders sein: manche bevorzugen auch Ruhe bei der Gestaltung, wollen möglichst leere Wände und so weiter, während andere Kinder es lieben, sich mit vielen Dingen zu umgeben, die ihnen Sicherheit und Wärme vermitteln und es ihnen damit leichter machen, die Energiereserven wieder aufzuladen.

Erschaffen Sie also zusammen mit Ihrem Kind einen Raum, an dem es völlig sicher ist!

7. Geben Sie Ihrem Kind Pausen

Wie bereits erwähnt, ist der Alltag für Hochsensible in aller Regel verbunden mit viel Stress, der sich nur schwer eindämmen lässt. Da Sie Ihr Kind wohl oder übel nicht davor bewahren können, sich verschiedenen Reizen zu stellen und immer wieder von einer überwältigenden Anzahl verschiedener Eindrücke umgeben zu sein, ist es stattdessen ratsam, ihm beizubringen, auf sich und seinen Körper zu hören. Hochsensible spüren, wenn es zu viel wird, wenn sie sich nicht mehr konzentrieren können und ab wann sie eine Auszeit brauchen. Solche Auszeiten lassen sich zwar leider nicht immer nehmen – vor allem in der Schule ist es gezwungenermaßen an die Pausenzeiten gebunden – aber dann, wenn sie zum Einsatz kommen, sind sie sehr hilfreich.

Wenn Sie Ihrem Kind also dabei helfen, seinen Tag zu planen oder bestimmte Aktivitäten im Voraus durchgehen, sollten Sie darauf achten, dass es zwischendurch immer wieder genug Raum gibt, der für Pausen genutzt werden kann. In den Pausen sollte Ihr Kind dann die Möglichkeit haben, sich zurückzuziehen und völlig ungestört zu sein.

Das hilft ihm dann auch, bei den darauffolgenden Aufgaben produktiver zu sein und den Tag ohne große Hindernisse zu überstehen.

8. Bekämpfen Sie den Perfektionismus

Sogar hochsensible Kinder neigen dazu, sehr perfektionistisch zu sein. Obwohl das auf den ersten Blick gar nicht mal so schlecht scheint – denn wenn sie eine Aufgabe angehen, dann wird diese mit größter Sorgfalt erledigt und ist erst abgeschlossen, wenn sie alle absolut zufriedenstellt – ist aber tatsächlich sehr schädlich für das Selbstwertgefühl Ihres Kindes. Es ist so gut wie unmöglich, einen Perfektionisten davon zu überzeugen, dass das, was er gemacht hat, gut genug ist – er wird immer etwas finden, das hätte besser laufen können, dass er anders hätte machen können, das dann vielleicht schöner gewesen wäre. Das heißt dann auch, dass ein Perfektionist nie zufrieden mit sich selbst oder den Aufgaben, die er erledigt, ist.

Bringen Sie Ihrem Kind also bei, dass es in Ordnung ist, eine Aufgabe auch mal nicht perfekt zu erledigen. Loben Sie es ausreichend – und zwar auch dann, wenn es etwas gemacht hat, was in seinen Augen nicht perfekt ist. Sie werden den Perfektionismus zwar nicht einfach abstellen können, Sie können aber das Selbstwertgefühl Ihres Kindes stärken und ihm somit helfen, eine positive Beziehung zu sich selbst aufzubauen. Reden Sie mit Ihrem Kind über die Ansprüche, die es an sich selbst stellt und betonen Sie immer wieder, dass es gar nicht möglich ist, niemals Fehler zu machen, Fehler aber nicht bedeuten, dass es schlechter oder weniger wert ist.

9. Fördern Sie die Kreativität Ihres Kindes

Hochsensible sind in der Regel äußerst kreativ. Das ist nicht nur eine gute Eigenschaft, wenn es darum geht, pfiffige Lösungen zu komplizierten Problemen zu finden, Kreativität und ein besonderer Sinn für Ästhetik können auch andere Menschen bereichern und ihnen Einblicke in die Welt des Hochsensiblen geben. Für Hochsensible sind kreative Aktivitäten häufig eine gute Möglichkeit, sich auszudrücken und Dinge darzustellen, die mit Worten nur schwer zu beschreiben sind – wenn Sie also das kreative Schaffen Ihres Kindes fördern, geben Sie ihm die Möglichkeit, mit Ihnen auf eine ganz neue, nonverbale Art und Weise zu kommunizieren.

10. Verständnis ist der Schlüssel

Im Umgang mit einem hochsensiblen Kind sind letztendlich immer gegenseitiges Verständnis und Rücksichtnahme gefragt; auch wenn sie für Sie nicht immer nachvollziehbar sind, sollten Sie auf die Bedürfnisse und Wünsche Ihres Kindes eingehen, ihm zuhören und ihm somit die Möglichkeit geben, sich optimal zu entfalten. Gleichzeitig liegt es auch an Ihnen, Ihrem Kind beizubringen, dass es manchmal dazu gezwungen ist, sich an eine Situation anzupassen. Sie werden häufig Kompromisse finden müssen – dazu ist eine gute und gesunde Kommunikation wichtig.

Zeigen Sie Ihrem Kind also die Liebe und Wärme, die es braucht und hören Sie ihm zu, wenn es andere Menschen nicht tun. Finden Sie gemeinsam einen optimalen Weg, der das Kind dahin führt, wo es am Ende landen möchte.

Haftungsausschluss

Die Umsetzung aller enthaltenen Informationen, Anleitungen und Strategien dieses Buchs erfolgt auf eigenes Risiko. Für etwaige Schäden jeglicher Art kann der Autor aus keinem Rechtsgrund eine Haftung übernehmen. Für Schäden materieller oder ideeller Art, die durch die Nutzung oder Nichtnutzung der Informationen bzw. durch die Nutzung fehlerhafter und/oder unvollständiger Informationen verursacht wurden, sind Haftungsansprüche gegen den Autor grundsätzlich ausgeschlossen. Ausgeschlossen sind daher auch jegliche Rechts- und Schadensersatzansprüche. Dieses Werk wurde mit größter Sorgfalt nach bestem Wissen und Gewissen erarbeitet und niedergeschrieben. Für die Aktualität, Vollständigkeit und Qualität der Informationen übernimmt der Autor jedoch keinerlei Gewähr. Auch können Druckfehler und Falschinformationen nicht vollständig ausgeschlossen werden. Für fehlerhafte Angaben vom Autor kann keine juristische Verantwortung sowie Haftung in irgendeiner Form übernommen werden.

Urheberrecht

Impressum:

1. Auflage

Kontakt: Mario Hulm/Anton-Sorg-Ring 14/78652-Deißlingen

Printed in Great Britain
by Amazon

45068858R00059